明日からできる

速効マンガ

❸年生の学級づくり

新納昭洋 著

いわいざこ まゆ マンガ

日本標準

『明日からできる速効マンガ　学級づくり』シリーズ発刊に寄せて

若手教師のみなさん！教職を楽しむための「装備」をもとう！

これが『明日からできる速効マンガ　学級づくり』シリーズのコンセプトです。

今、教育界は大きな転換期に直面しています。いうまでもなく新旧交代の時期です。ここ数年で教育現場はぐっと若返りました。若い教師にはベテラン教師にはない魅力があります。それは「若さ」です。あまり世代も変わらぬ若い「お兄さん、お姉さん」先生がすぐそこにいてくれるだけで子どもたちは大喜びです。出会いの瞬間に子どもたちを惹《ひ》きつけられる、それが若手教師の1つの「装備」といえるでしょう。

しかし、教育現場は「若さ」という1つの「装備」だけで乗り越えていけるほど甘くはありません。「若さ」という「装備」が効力を発揮するのは、極めて短い間なのだと考えてください。

たとえば新任の教師には次のような「運命」が待ち受けています。

教師教育を終えて現場に赴く。赴任のあいさつから続く怒濤《どとう》の新年度業務の連続に忙殺されるなかでの子どもたちとの出会い。何をしてよいかわからぬままに、あれよあれよと時間だけが過ぎ去っていく。はじめこそ「若さ」に惹きつけられて寄ってきてくれた子どもたち。

「なんとかやれるかも？」

そんな淡い期待は長くは続かない。気がつくと始まっていた授業や学級経営。見通しがつかず、どう対応してよいかわからぬ日々……。

ただ懸命に一日一日を乗り切るだけ。そうして学級も荒れ始め、あれだけ夢見た教育現場に行くのがつらくなっていく……。初任者なら必ず通る道でしょう。教師になって早くも立たされる岐路といってよいでしょう。さて、その岐路に臨んでの選択肢は3つしかありません。

その1　耐え忍んでやり過ごす。
その2　教職を辞する。
その3　打開策を求めて学ぶ。

これら3つ以外にはありません。

この本を読まれている方はきっと3つめの選択肢を選ばれた方でしょう。

そう！　もし将来、せっかく選んだ教師という職業を楽しみながら続けたいと思うのなら、「打開策を求めて学ぶ」しか方法はないのです。

もしかしたら、読者のみなさんのなかには「かつての恩師の姿に憧れて教師になった」という方もおられるでしょう。でも、そのすばらしい恩師はきっと例外なく、あなたと同じ若き苦悩の時代を過ごし、「打開策を求めて学ぶ」ことをされてきた方なのです。おいしい料理を食べる客には厨房《ちゅうぼう》での料理人たちの「戦い」が見えぬ、わからぬのと同様に。

では、学級経営を行うのに必要な「装備」には、まず、何が大切なのでしょうか？

それは「哲学」と「上達論」です。

「哲学」とは「目の前の子どもたちをどのように育てたいのか？」という思想です。これがないと行き当たりばったりの指導に終始し、結果「ブレた」指導を行ってしまい、子どもたちを混乱させてしまいます。その度重なる混乱はやがて子どもたちの「反旗」となって教師に向かってくることになります。いわゆる「学級崩壊」です。

「上達論」とは「子どもの成長に応じて指導法をレベルアップさせていく」という考え方です。新学期の4月と翌年の3月とで子どもたちの姿は同じであるはずがありません。学校が子どもの力を伸ばすことを前提とするならば、1年後の子どもたちに対する指導は大きく変わっているはずです。ところが、この「上達論」をもたないといつまでも子どもたちの力は伸びないばかりか、日々、下降線をたどることになります。

さあ、なんとか1ミリメートル前進すべくがんばりましょう！

とはいえ「打開策」とは小難しい教育書や論文を読むことからしか始まらないの？とすればちょっと腰が重いなあ……。そう思われる方々はきっと多いことでしょう。ベンチプレスもいきなり100キロは無理です。まずは10キロからスタートすべきです。

そこで若手の先生方！　まずは本書を読むことから始めてください。

この本では、まずマンガで「現場で起こることが予想されるシーン」をいくつか紹介しています。

まずは、この本のマンガを読んで、現状に思い当たるシーンを選んでください。次に、そのシーンにおいて、「哲学」と「上達論」に支えられた指導をどう行うべきかの文章説明をお読みください。

つまり、忙しいときには、まずは、マンガで「欲しいシーン」を選んでフォーカスしたうえで、改めて時間のあるときにくわしく説明を読み、対策を立てることが可能になるのです。

この構成は従来の文字ばかりの教育書には見られない画期的なスタイルだといえます。

文字は記号であり、読者はその記号と自分の体験を結びつけて再構成するという手間を必要とします。時間があるときに、じっくり文字ばかりの本を読むのはそれなりに大切なことです。

でも、教師は忙しいです。特に、若手の先生方には余裕はないはずです。そこで、

・朝、出勤前に歯磨きしながら片手で読める教育書
・家に戻ったら必要な箇所を読んで手軽に「自己研修」できる教育書
・気がついたら学級経営に必要な「装備」が身につく教育書

以上3点を意識して、この本を完成させました。これなら毎日仕事をしながら少しずつ教師としての「装備」を増やし、その結果、力量を高めていけます。そうすれば、きっと「もっと知りたい」と思うことが出てきます。そのくらいのモチベーションをもてるようになれば、文字ばかりの教育書の内容もすっと頭の中に入ってくるでしょう。

本書が「打開策」を求めて第一歩を踏み出そうとする先生のお役に立てれば幸いです。

土作　彰

はじめに

子どもらしさを大切に

ある日の放課後の風景

3年生の子どもたちが、職員室で談笑している担任の先生を見つけると、元気な声で話しかけてきました。

「先生、三角ベースボールしよう」

「よし、じゃあやろうか」

「先生、お兄ちゃんも入れていいですか」

「いいよ。たくさんいると楽しいよね」

これは私が小学生の頃の放課後の風景です。私は鹿児島県のある小さな島で生まれ、育ちました。当時、通っていた小学校は全校児童が七十数名の、すべて単学級の小さな小学校でした。そんななかで育った私は、いつの間にか学校の先生になりたいと思いはじめました。

私は少し遠回りして、教職に就きました。当時は、まだゆったりとした空気が、子どもたちにも先生たちにもありました。

しかし、年々、その空気は変わってきました。やるべきことが増え、なんだかせわしなくなってきたのです。私が何より変わったと感じるのは、放課後の風景です。

放課後、子どもたちの姿を見ることが少なくなってきたのです。私の記憶にある、学年を問わず先生と遊んでいた風景は、今はもう昔話のようになってしまいました。

代わりに、子どもたちは学校外のことに忙しく、そして先生たちはパソコンとにらめっこする時間が増えてきました。

3年生の子どもたち

私は現在において、3年生が最も子どもが子どもらしく過ごせる最後の時間ではないか、と感じています。

最近は、どちらかというと指導という名の管理、また子どもたちを大人の望む姿にしていこうと感じられる話を耳にすることがあります。それは時代が求めていることもあるので、否定はできません。

しかし、泣いたり、笑ったり、怒ったり、ケンカしたり、わがままを言ったり、イタズラしたり、そんな子どもが子どもらしく過ごせる時間も、大人へと成長する過程で必要ではないでしょうか。

笑いを大切にした学級づくり

そこで、私は「笑い」を大切にした学級づくりに取り組んできました。

それはミニネタであったり、授業のなかでの実践であったりと、さまざまに学んできました。それと同じくらい大切にしていることがあります。それは、子どもたちの何気ない会話です。意識するとちょっとした会話のなかに、子どもたちの笑顔を引き出すネタがたくさんあります。

こんな私ですが、子どもたちに厳しいことを言います。時に、大きな声を出すこともあります。しかし、子どもたちは休み時間になると、けろっとして寄ってきます。

そんなとき、話をしている子どもたちの屈託のない笑顔は、何ものにも代えがたいものです。この笑顔を大切にしたいものです。

授業づくりは学級づくり

当然のことですが、しっかり準備をして授業に臨めば、子どもたちとのやりとりも余裕をもって行えます。それが、子どもたちと先生の笑顔につながっていきます。

学級づくりは、授業を大切にすることで安定したものになります。学校生活のなかで、最も長い時間を過ごしているのが「授業」だからです。この「授業」のなかに学級づくりに関わる仕掛けを入れていくのです。いわゆる名人とかカリスマと呼ばれる全国の実践家の先生方は、このようなことを意識して、または無意識に行っているのです。

そんな先生方から学んだことや、貪るように読んだたくさんの書籍、そして私の経験から、若い先生方や新たに教職に進む方のお役に少しでも立てればと思い、本書を書かせていただきました。

この本の実践の多くは、私が学んだことを、子どもたちの実態に合わせて行ったものばかりです。そして、その裏にある私のねらい、さらにその背景にある考えなども、できるだけ書きました。それも3年生に特化したものを、です。

「学び続ける教師だけが、子どもたちの前に立ち続けることができる」という言葉があります。この本が、学びを広げ深めるきっかけになれば幸いです。

2019年2月

新納昭洋

目次

＊本書は3学期制をベースに構成していますが、学期の期間や区切り、行事、子どもたちの育ちなどに合わせて「学級づくり期」「学級成長期」「学級自立期」の3期をアレンジしてください。

主な登場人物紹介

あかね先生

新任教師。小学生の頃から教師にあこがれて念願の教職に就く。まだまだ頭でっかちで現場で失敗から学ぶこと多数あり。素直な性格で人に言われたら「まず実践してみる」が信条。ひろ先生を頼りにしつつ、早く教師として自立しなければという思いを強くもっている。実は虫が苦手で、理科の観察をひそかに恐れている。縄とびは子ども時代から大得意。

ひろ先生

20年目のベテラン学年主任。「子どもは子どもとして育てる」が信条。あかね先生のメンター的存在。大らかで面倒見のよい人柄から、学内でも大いに頼られている。周囲には学級通信を書くことを推奨。元・ラガーマンで、今はタグラグビーの指導に熱中。

ゆかり先生

ひろ先生と同年代のベテラン学年主任。「当たり前のことを当たり前にきちんとさせる」が信条。時に厳しく、ひろ先生も思わず背筋を伸ばして話を聞くことあり。仕事と家庭の両立のため時間に鬼厳しい。

けいた先生

4年目の若手教師。新しいもの好きで、授業でもタブレットを使いこなす学内随一のIT通。初任のとき、カッコつけすぎて痛い目にあった挫折から「いつもスマートに（見えないところで泥くさく）」がひそかな信条。挫折経験を生かし、あかね先生のよきアドバイザー。

第1章 新年度の準備

この時期だからこそ、1年間の見通しをもつ

始業式までにやっておくこと①

今年度の理想とするクラス像を決める

いよいよ新学期がスタートします。期待と不安でいっぱいですが、準備の時間は1週間程度です。さまざまな学級事務をしながら、より具体的なキーワードを決めて準備を進めましょう。

理想のクラスをつくるために

新学期が始まる4月です。

この時期には、学年や学級、または個人としても年度始めの目標を立てることが多いと思います。ところが、理想とするイメージや、やりたいことがたくさんあり、なかなか絞り込むことができないものです。そこでこの「パレートの法則」*を使います。以下、そのやり方を紹介します。

①「年度末、こんなクラスになっていたらイヤだ！」ということを、思いつくままに書き出してみる。たとえば、年度末の3月になった時点でも、「あいさつができない」「男女の仲が悪い」「給食の準備が10分以上かかる」「返事の声が小さい」など、どんな些細《ささい》なことでもかまいません。とにかく書き出してみましょう。

②次に、先ほど書き出した「年度末、こんなクラスになっていたらイヤだ！」の反対の内容を書き出してみます。たとえば、「あいさつができない」なら「あいさつができる」、「男女の仲が悪い」なら「男女の仲がいい」、「給食の準備が10分以上かかる」なら「給食の準備が10分以内にできる」、「返事の声が小さい」「返事の声が大きい」という具合です。この「イヤなこと」

の反対は、実は、自分がやりたいことであり、それらが自分の「理想とするクラス像」でもあるのです。

③それが終わったら、書き出したものの数を数えます。そして、その数に0・2をかけてみます。その数が、「パレートの法則」でいう、全体の80パーセントを決める要素の数になります。（理想とするクラス像の総数×0・2＝全体80パーセントの成果を出す要素の数）

④最後に、「理想とするクラス像」の一覧をもう一度見てみます。そのなかから、最も自分が大切だと思うことや大切にしたいことを選びます。そのときのポイントですが、先ほど計算した数だけ選んでください。そうです。その数だけ選んだものが、あなたの理想とするクラス像の80パーセントを決定する項目になるのです。

具体的に見ると……

あなたが「イヤだ」と思うことが20個あったとします。次に、その反対を考えます。これがあなたの理想とするクラス像です。そして計算をします。この場合は、「20×0・2」で4となります。

いよいよ理想のクラス像の一覧を見ながら4個に絞っていきます。その4個が、今年度、あなたの理想とするクラス像の80パーセントを決めるキーワードになるのです。

これをもとに学級経営案を考えてください。きっと、あなたが大切にしたことがコンパクトにまとまった形で表現できると思います。

＊参考文献　巻末111ページ⑴参照

始業式までにやっておくこと②

仕事の優先順位をつける

新年度はさまざまな仕事があります。大切なのは優先順位をつけることと、全体の見通しをもち、メリハリをつけて仕事を進めることです。そのやり方について紹介します。

優先順位をつける

年度始めはさまざまな仕事があります。学校全体に関すること。学年に関すること。学級に関すること。さらには、それぞれの分掌でしなければならない仕事もあります。若い先生方にとっては、何から手をつければいいのか、混乱して困ってしまうことでしょう。

そこで、優先順位をつけるやり方を紹介します。ここでも先ほどの「パレートの法則」を使ってみます。まず、自分が担当している、またはやらなければならない学校全体、校務分掌、学年や学級の仕事を書き出してみましょう。

次に、その数に0・2をかけてみましょう。その数が、仕事の80パーセントの成果をあげる数なのです。

あとは、その数だけの仕事をあげていきましょう。たとえば、すべき仕事が100あるとすれば、その0・2をかけた数は20となります。この20が、あなたが今、取り組むべき仕事となります。

その仕事から優先的に取り組んでいくと、すべき仕事が片づいていくと同時に、大きな達成感も得られます。

しかしながら、若い先生方や経験年数が少ない

先生に注意しておいてほしい点もあります。それは、優先的に取り組むべき仕事が、自分の視点のみになっていないかという点です。やはりベテランの先生方は、全体を俯瞰《ふかん》しながら仕事を進めています。ひとりよがりにならないように注意してほしいです（優先的に取り組む仕事が、学級のことだけにならないように気をつけてください）。

見通しをもつ

続いて見通しをもつ方法です。年度始めの会議で年間計画が出ると思います。このなかから、大きな行事や学年に関する行事を、指導計画案や週案簿などに記入します。運動会や学芸会、学習発表会、遠足、校外学習、卒業式などです。

次に、前年度の学年だよりを活用してください。多くの学校は、毎月学年だよりを出しています。それには、月々の行事予定やその月の学習予定、さらに行事や図画工作科の準備物なども記載されています。これをもとに、さらに指導計画案や週案簿などに書き足してください。そして、4月は1カ月分、それ以降は2週間分の学習計画を立てていきます。こうすることで、全体を見通しながら準備を進めていくことができます。

と同時に最も大切なことは、同学年の先生方とのコミュニケーションをとることです。日常会話のなかで、「○○の準備できた」とか「○○用意しておいた方がいいよ」「そろそろ○○について相談しようか」と教えてくださいます。実はこれがいちばん、大切な準備の方法なのです。具体的な進め方は、次ページを参考にしてください。

始業式までにやっておくこと③

ゴールから逆算して1年間を見通す

よく、「見通しをもって」と言われます。しかし、なかなか見通しをもって、ものごとを進めるのは難しいものです。そんなとき、ゴールから逆算する方法が有効です。

ゴール思考と積み上げ思考

ビジネスの世界には、仕事を進めるにあたって「ゴール思考」と「積み上げ思考」という言葉があります。

「ゴール思考」とは、ゴール（目的）から逆算して、何を、いつまでに、どれくらいするのか、と考えていく方法です。

また、「積み上げ思考」とは、これとは逆に今現在の状況からできることに取り組み、ゴール（目的）に到達していく方法です。

1年間を見通す

私は、学校という場では「ゴール思考」が現場の感覚に合っていると思います。それは、学校の日々は、年間計画によって年度始めから決められて行われていることがほとんどだからです。

たとえば、運動会は○月○日、学芸会は○月○日、卒業式は○月○日、個別懇談や家庭訪問は○月○日から○月○日というように決まっています。ですので、教務主任や各分掌の主任などの先生方は、この年間の予定を見ながら会議を計画して資料を作成し、担当の先生に準備のお願いをしています。

そこで、まだ経験年数が少ない先生方は次のようなことを参考にしながら、仕事を進めていってほしいと思います。

①年間行事計画を見ながら、週案簿に、校内や学年の大きな行事（運動会や家庭訪問など）を書き込みます。

②前年度の学年だよりを見ながら、必要な情報を追加していきます。特に見るべきところは、予定されている学習内容と保護者への連絡です。ここを見れば、いつ、何を準備したり用意したりすればいいのかがわかります。また、この月の学習は、どこまで進めておけばいいのかがわかります（教科別の年間指導計画もありますが、研究や総合的な学習の時間などの関係で、順番が変わることがあるので注意してください）。

③可能であれば、昨年度担当の先生に聞いたり、データ化された情報や、紙でファイルされた文書資料に目を通したりします。特に職場の人間関係は大切です。面倒見のよい先輩なら、「そろそろこれをした方がいいよ」とアドバイスをくださることもあります。

④以上のことを参考にして、ゴールから仕事の進め具合を記入していきます。ゴールは○月○日、前日までにはこれを、3日前までにはこれを、1週間前までにはこれを、というようにして書き込んでいきます。

仕事術に関する書物は、数多く出版されています。学校という職場環境のことも考慮しながら、自分に合ったやり方を探すことが大切です。

始業式までにやっておくこと④

始業式では子どもたちをしっかり見る

この本を手にしている方の多くは、3年生担任の先生方です。新規採用の先生の多くは、中学年の担任になることが多いと聞きます。では、3年生の子どもとはどんな子どもでしょうか。

学校では、理科や社会科、総合的な学習の時間や外国語活動など、新しく学び始める教科等が出てきます。また、知的な関心も高まり、さまざまなものに興味をもつようになります。身体もたくましくなり、しなやかさとともに力強い動きもできるようになります。

この時期を表現する言葉に、「ギャングエイジ」があります。「ギャングエイジ」とは、子どもたち同士の結びつきが強くなり、閉鎖的な集団をつくって遊んだり活動をしたりし、さらに親や教師に対して反抗的な態度をとるような時期のことです。

以上のことから、3年生とは、何か活発で活動的な子どもたちの姿を想像する方も多いです。が、最近は、「ギャングエイジが消えた」という話を聞くようになりました。これは生活環境や親子関係、友達関係などの大きな変化が影響していると言われています。

大学で学んだ3年生の子どもたちの様子を知識として知っていると同時に、目の前の子どもたちの様子をしっかり見とることも大切です。そして、目の前の子どもたちをよく知ろうとすることが、この時代の子どもたちを大切にすることになるのです。

第2章　学級づくり期（1学期）

子どもたちとの信頼関係を築き、子どもたち同士をつなぐ

第1日目　始業式
最初の出会いのメッセージとは

始業式は、子どもたちにとっても、担任にとっても期待と不安にあふれています。子どもたちはこの瞬間をとても楽しみにしています。この1年を決める大切な時間に何を伝えますか。

初日で1年が決まる

始業式の子どもたちは、どの学年であれ、期待と不安でいっぱいです。特に中学年の子どもたちは、1年生、2年生を通して学校生活にも慣れ、新しい学年になることで、ますます活動的にパワーアップしています。また、社会科や理科、総合的な学習の時間など、新しい教科が始まります。さらに、リコーダーや習字などにも挑戦していきます。これらを、楽しみにしている子もたくさんいます。

また、昔から「黄金の3日間」と言われるように、新学期が始まった最初の3日間、特に初日はとても大切な日です。この日は、どんな子どもたちであっても、担任の先生の話を聞きます。この最初の出会いで、子どもたちにどのようなメッセージを伝えるかで、1年が決まるとも言えます。

さて、どんなメッセージを伝えたらいいのでしょうか。

何のために学校に来るのか

これは私が、教職に就いてから、ある本で学んだことです。「何のために学校に来るのか」。それはふたつあります。ひとつめは、「学校は勉強

するために来る」。ふたつめは、「学校には、友達をつくり、友達を大切にすることを学ぶために来る」です。私はこのふたつを自分なりに解釈して、次のように子どもたちに話しています。

ひとつめの「学校は勉強するために来る」は、学校のなかで、いちばん長い時間を過ごすのは授業の時間です。この時間はしっかりと勉強しなければなりません。当たり前と言えば、当たり前のことです。

当たり前すぎますが、このことを新学期の初日だからこそ、きちんと子どもたちと確認する必要があります。そして、この日だからこそ、子どもたちにも伝わるのです。何のために学校に来るのか、その自分なりの答えをもつことが大切だと思います。

あなたは、その答えをもっていますか。ぜひ、改めて考えてほしいと思います。また、このことは、勉強に関係ない不必要なものを学校に持ってこない、という生徒指導の布石にもなっています。

ふたつめの「学校には、友達をつくり、友達を大切にすることを学ぶために来る」です。同一年齢の集団が、これだけの数だけ集まって学習、生活する場は学校しかありません。このようなある種の特別な空間と時間を共有する場だからこそ、たくさんの友達をつくり、その友達を大切にしてほしいのです。そのことを通して、好ましい人間関係を学ぶ場にしてほしいと思います。そして、ひとつめと同じように、「いじめを許さない」という、生徒指導上の布石になっています。

最初だからこそ、伝えることをきちんと伝え、隠れたメッセージ（布石）も意識したいものです。

第2日目「プラスワン」

「不完全」な配付物で仕掛ける

担任としての所信表明が中心である新年度初日ですが、意外と時間が十分にとれません。具体的なことができるのは、やはり2日目からとなります。さて、2日目は何をすればいいのでしょうか。

あらゆる場面で子どもを育てる

新学期、学習用品やお知らせなどさまざまな配付物があります。これらを、ただ配るだけではもったいないです。少し手を加えるだけで、子どもたちを育てるチャンスとなります。

学校によっては、ノートを学年費で購入して配付することがあります。多くの場合、ノートの色と教科が決められています（国語は赤色、算数は青色など）。このノートを配る場面を考えてみましょう。

まず、教科名とノートの色を板書し、子どもたちに配ります。その後、「書きましょう」とだけ言います。子どもたちは、ノートに教科名を書きはじめます。その後、ノートの色と教科名を確認します（このとき、子どもたちを座らせたままノートだけを上にあげて確認すると短時間でできます）。

さてこのとき、名前欄に名前を書いている子がいます。これを見逃しません。そして、「みんなのなかに、あることを書いているお友達がいたのだけど、いったい何を書いていたかわかる？」と尋ねます。すると気づいた子が、「名前です」と答えます。ここですかさず、名前を書いた子と、それに気づいた子を、「先生はさっき、『書きましょ

う』とだけしか言いませんでした。よく気づきましたね」とほめます。

プラスワン！

さらに、「あとひとつ、何か加えるとしたら、何がありますか？」と尋ねます。すると、「学年、組、番号だ！」と気づく子がいます。これもほめます。ここで黒板に「プラスワン」と大きく書いて、次のように話します。

「何かをしなさいと言われたら、そのことをきちんとすることはとっても大切なことです。でも、そのとき、少しだけ考えて手を加えられることができたらいいね。これを『プラスワン』と言います。何かをするときに、『ちょっと工夫できないかな』『ちょっとよくできないかなぁ』などと少し考えて、手を加えられるようになりましょうね。『プラスワン』、やってみましょうね」

このように、配付物を渡すのにも、意図をもって、少し手を加えるだけで、子どもたちの成長を促すきっかけにすることができます。

ちなみに「プラスワン」という言葉は、山口県下関市の福山憲市先生がおっしゃっていた言葉です。福山先生は、意図的に不完全な形で子どもたちにワークシートやプリントを配るそうです。そして、このような仕掛けを、この時期に大量に仕掛けることで、子どもたちが自ら動くように育てていったそうです。

子どもたちが何気なくしていることを、あえて不完全な形で示すことで、子どもたちの気づきを育てる材料にならないか考えてみましょう。

第3日目 当番活動で育てる
子どもの気づきを促す

多くのクラスで、当番活動を行います。これも意図的に仕掛けることで、子どもたちの気づきを促すことができます。その気づきを意識させながら、3日目を過ごしてはどうでしょうか。

当番活動について

まず、子どもたちに当番活動と係活動の違いについて説明します。当番活動は、それがないと困る活動です。たとえば、「窓開け当番」「黒板消し当番」「お手紙当番」などがあります。

それに対して係活動は、それ自体がなくとも困ることはないが、それがあると学校生活が楽しく明るくなるような活動を言います。たとえば、3年生なら「お笑い係」「デコレーション（飾り）係」「イベント係」などです。

低学年では、この当番活動と係活動が混在し、明確な区別ができないことが多いです。3年生も初めの頃は、この低学年のイメージを引きずっていることが多いです。当番活動を決める前に、両者の違いを説明しておく必要があります。

子どもたちの気づきを促す決め方

学活の時間に、「これから、当番を決めます。昨年度はどんな当番がありましたか。では発表しましょう。たくさんありますね。じゃあ、どれをしたいですか。名前プレートを貼りましょう……」とやっていませんか。

もちろん、このやり方もあると思います。しか

し、せっかくの当番活動です。やるなら、これも子どもたちの気づきを促しながら、子どもたちを育てていきたいものです。

劇場「担任の悲しみから始まる当番活動」

朝です。教室に入ると、いきなり担任の先生が、「今朝、悲しいことがあった」と、悲しそうにつぶやきます。すると子どもたちは、「なんだろう」と思いながら、その理由を聞いてきます。担任は、「このクラスだけ、健康観察板がまだ残っていた。だから悲しくて、悲しくて……」と言います。すると、「先生、明日からは僕が持ってきます」と元気な男の子が言います。次に、窓を見ながらまた悲しそうな顔をします。子どもたちは、今度は何だろうと思います。「今度は、窓が開いてなくて……」とつぶやきます。すると、今度は女の子が、「先生、明日から私が開けます」と言います。手には、配付物がたくさんあります。それを見て、「先生、明日からは、お手紙もみんなで運びます」という子も出てきます。

ここで、当番活動について話します。このようなことを通して子どもたちは、当番活動の必要性を知ることができます。もちろん、ここで当番を決めてもいいです。さらに「こんな活動があるといいなあ」というものがあれば、子どもたちにホワイトボードに書いてもらって発表させましょう。それが、このクラスに必要な当番活動なのです。時間は少しかかりますが、子どもたちは意欲的に当番活動に取り組むことができます。

第4日目「りんご」を漢字で書ける？
ミニネタで教師の知的権威を確立

いよいよ、クラスとして本格的に動きはじめる時期です。楽しく知的な授業をしながら、担任と子どもたちとの縦糸を紡いでいきましょう。同時に、子どもたちの成長の布石を打ちましょう。

「りんご」を漢字で書けますか？

奈良県の土作彰先生の実践です。

いきなり子どもたちに、「『りんご』って、漢字で書ける？」と尋ねます。おそらく書ける子はいないでしょう。そこで、担任がスラスラと「林檎」と書きます。すると子どもたちは驚くだけでなく、拍手をする場合もあります。ここでネタばらしをして実際に書かせてみます。*

これだけで、子どもたちは担任の先生を尊敬のまなざしで見ること間違いなしです。ほかにも「檸檬（レモン）」「薔薇（バラ）」などの漢字が、インパクトがあるでしょう。

ここで、「へー、先生、すごいなあ」で終わらせてはいけません。さらに質問します。「では、君たちはなぜ、こんな難しい漢字が書けるようになったの？」と。子どもたちは答えるはずです。「先生の話を聞いたからです」と。ここでたたみかけるように言います。「そうだね。こんな、大人でもなかなか書けない漢字が書けるようになったのは、先生の話をちゃんと聞いたからだよね」

子どもたちは、うなずきながら聞いているはずです。続けます。「だから、先生の話を聞くことは大切なんだよ。先生の話をちゃんと聞いている

と、どんどん賢くなるよ。だから、みんな先生の話は黙って静かに聞こうね」と言います。

　土作先生が言うように、このような場面で担任の知的権威を確立することが大切です。

　1学期前半は、「先生はすごい。先生の言うことは、ちゃんと聞かないと」というふうに、まずは担任と子どもの縦糸を紡いでいきましょう。

「ミニネタ」を生かす

　教育界には、「ミニネタ」が数多くあります。またこれを紹介した本もたくさんあります。若い先生方も、先輩から教えてもらったり、どこかで見たり聞いたりしたことがあるミニネタもあると思います。

　ただ多くのクラスでは、ミニネタをやることが目的になっているように感じます。担任の話を聞かせるために、ミニネタをしました。すると、大いに盛り上がり、話も聞いてくれます。しかし、終わると元の状態に戻ってしまいました。いわゆる、打ち上げ花火の実践で、何も残りません。

　ミニネタは、多くの実践家が実践を積み上げてきた上にできた集大成です。もちろん、子どもたちを盛り上げるために使う方法もあります。ですが、できればねらいをもって意図的に使いたいものです。そのためにも、常に年度末の子どもたちの姿をイメージし、来たるべき場面で、このミニネタを使いたいと、準備をしておくといいでしょう。

＊参考文献　巻末111ページ⑵⑶参照

最初の参観日で安心感を事前準備から参観日の授業まで

最初の参観日は、保護者の関心も高いです。ここで、担任としての思いと安心感を保護者に伝えましょう。ではこの大切な最初の参観日ですが、何をどのように準備すればいいのでしょうか。

最初の参観日

どんなに年数を重ねても、年度始めの参観日の授業はやはり特別です。特に初めて担任になった先生や、経験年数がそれほど多くない先生にとっては、正直、やりたくないと思うこともあるでしょう。参観日の授業は、職場の管理職や同僚の先生らに見られるのとは、また違う緊張感があります。しかも、ただでさえ忙しい4月です。学年・学級事務、入学式や新学期の行事に追われ、授業まで手が回らないと感じている方もいると思います。

しかし、特に年度始めの参観授業は最も力を入れて取り組まなければなりません。この最初の参観日ですが、保護者の方は何を見に来るのでしょうか。大きく2つあると思います。

ひとつめは、やはりわが子の様子でしょう。自分の子どもがちゃんと授業を受けているのか、友達と仲良くやっているのか、などです。これは親としては当然です。

ふたつめは、担任や学級の様子です。子どもたちもそうですが、多くの保護者の方も、「今年の担任の先生はどんな先生かな?」と思っています。新学期が始まってから、子どもたちから担任の先生の様子は聞いているものの、やはり百聞は

一見に如《し》かず、です。参観日で実際に見て、初めて担任の先生の様子を知るのです。また学級の様子もそうです。担任の先生と子どもたち、子どもたち同士の関係はどうか、教室はどんな雰囲気か、など保護者は実際に足を運んで安心感を得たいのです。

以上から、最初の参観日は非常に大切な授業であると言えます。

参観日までに準備しておくこと

それほど大切な参観日の授業です。しかし、若い先生方にとっては日々のことでいっぱいいっぱいとなり、その準備までは手が回らないと思っているのではないでしょうか。

では、参観日までにどんな準備をすればいいのでしょうか。

①まずは教科を決める

参観日の授業は、特に最初の授業は、自分で教科を決める学校が多いです。新規採用の先生なら、学年で教科や単元をそろえることもあります。

この時期は、まだ学習の進め方が安定しておらず、子どもたちとの関係も十分ではありません。そのため、どちらかというと教師主導の授業となります。また、子どもたちが活躍する場面も必要です。

こうしたことから、私は最初の参観日の授業は、「国語科」を選ぶことが多いです。国語科は、音読や漢字、言葉の学習など、取り組みやすい教材が多いからです。

②授業の進め方は活動を中心に

授業は、東京都の杉渕鐵良先生が提唱している「ユニット学習」や兵庫県の古川光弘先生が提唱している「パーツ学習」で進めます（英語科の学習が始まり、「モジュール学習」という言葉も広まりました）。これは、授業時間45分で何か1つのことをするのではなく、それぞれを10分から15分に区切り、3つから4つの活動を入れていく授業の進め方です。国語科なら、音読、漢字、言葉などと3つに分けて進めていきます。

このやり方のメリットは、やるべきことが短時間で限定されており、さらに異なる活動を組み合わせて行うので、どの子でも最後まで集中して活動に取り組めることです。また、保護者の方も、子どもたちのいろいろな学習活動の様子を見ることができます。

4月の初めは、子どもたちも落ち着かない日々が続きます。また担任の学習の進め方も、まだ子どもたちに定着していません。やることが明確で、しかも短時間で集中できるこの学習の進め方はおすすめです。

③学習規律を育てておく

学習規律については、第1日目から次のようなことを指導します。

子どもたちがノートを持ってくるときです。教卓に向けて、子どもたちが一斉に集まってきませんか。3年生の子だと、「誰が先だ」「先生、○○さんが足を踏んだ」「○○さんが順番を抜かした」など、トラブルになることがあります。さす

がに、このような子どもたちの様子を、保護者の方に見せるわけにはいきません。そこで、一方通行の仕方を指導しておきます。教室の子どもたちの座っている机の場所から、どのようなコースを通って教卓にくるのか、そして終わったらどこを通って自分の机に戻るのかを決めておくのです。これだけでも、子どもたちの移動がスムーズになり、余計なトラブルもなくなります。

　手の挙げ方も指導します。私は、「中指に力を入れて、腕を体の内側から回して、天井を突き刺すように挙げなさい」というように指導します。これだけでも、手の挙げ方が変わります。ビシッと手が挙がるだけでも、授業が引き締まったような印象をもたれます。

　プリントの渡し方ですが、「はいどうぞ」「ありがとうございます」と言って、渡すように指導します。これは、相手意識を育て、感謝の気持ちを育てることにもなります。学級に感謝の言葉が自然に出るようになると、子どもたちも不思議と落ち着いてくるものです。また、プリントの向きも意識させるようにしてください。これも小さなことですが、相手意識を育てるうえで大切なことです。できるだけ相手の方を向いて、プリントの向きを確認しながら渡す姿を見るだけでも、その学級の育ちが見えてくるものです。

　参観日の授業だからと言って、特別なことをする必要はありません。ただ、初日からこのようなことを積み上げていくことが大切なのです。

運動会の指導
行事は普段の学びの延長線上に

近年は環境の変化もあり、運動会を春に開催する学校が増えました。行事指導も子どもたちを成長させる機会として捉えます。そのためにはどのように考えて取り組んでいけばいいのでしょうか。

運動会に向けて（表現の指導）

ここでは運動会指導のメインでもある、表現の指導について述べます。

多くの学校が、運動会の表現指導に時間をかけると思います。そこで、演技指導だけにならないように、ねらいをもって指導します。

準備では指導計画とキーワードを考える

運動会の指導は、学年で行うことが多いと思います。1年目を除く若い先生が、ここで全体指導を任されることもあります。

表現の指導というと、演技指導が中心になります。これは、表現が身体表現だということと、運動会は保護者の方に見ていただくものという側面があり、当然のことと言えます。

ただ、同時に授業で行うということも考えてください。秋の運動会なら、4月が種蒔《ま》きの時期、5月の連休明けから、授業を中心に学級づくりを本格的に進める時期……でよかったのです。しかし、春の運動会ではここで練習が始まります。時間割も、なかなか固定したものになりません。「運動会は特別だから……」と考えてはいけません。運動会を普段の学級（集団）づくりにう

まく活用していくことを考えるべきです。特に表現においては、一体感や協力することが必要だからです。

ここで大切にしてほしいのが、キーワードです。4月に考えた理想とするクラス像と関連させて、連休明けのクラスや学年の実態から考えてください。そしてそれをもとに、練習計画を立ててください。

子どもたちに伝えたいキーワードがあると、おのずと第1回目の全体練習で話すことや、普段の練習で子どもたちを見る視点も定まってきます。運動会当日の子どもたちの様子も、かなり具体的にイメージできるはずです。

普段の学びを行事へ

運動会の練習というと、何かいつもと違うもののように捉えている子もたくさんいます。これは、学年や学校全体で動くことが多いことや、時間割が特別時程になることなどが、その理由として考えられます。

だからこそ、あえて最初の練習で必ず話します。

「運動会だからといって何か特別なことをして、特別なことができるようになるわけではありません。運動会も、学校の授業です。だから、これまでの授業や学校生活のなかで学んだことを、この運動会で生かしていってください」というような話をします。

つまり、「運動会だから何か特別にするのではなく、普段から学んだことの延長線上に運動会がある」ということを、子どもたちに伝えるのです。

これはある意味当たり前のことです。しかし、現実には、出来栄えに追われ、ただの表現の指導になってしまうこともあります。もちろん、保護者や地域の方など、さまざまな方々が目にするものです。子どもたちに恥をかかせてはいけません。しかし、「何のためにするのか」を自問自答すべきです。そうでないと、単なる行事指導で終わってしまうのです。

「行事は、普段の学びの延長線上にある」とは

では、具体的にいうと、「行事は、普段の学びの延長線上にある」とはどんなことでしょうか。

たとえば、集合はどうでしょうか。普段から、担任が時間を守ること、チャイムの合図を守ることを指導していたらどうでしょうか。やはり、練習での集合についても時間を守るように指導するでしょう。その際、今までの学校生活のなかで、みんなで取り組んできた「時間を守る」ことを、より大きな場で発揮するチャンスだと伝えることができるかもしれません。

「話を聞く」はどうでしょうか。しっかりとした演技のためには、担任の話をしっかりと聞くことが大切です。ここでも、普段の学びを生かすチャンスです。3年生の国語科では、1学期の前半に、「聞く」ことを学習の中心にした単元があります。この国語科で学習したことを、積極的に活用してください。これが、学びを生かすことになります。

集団づくりを「見える化」で

運動会を、集団づくりの機会と捉える先生方はたくさんいると思います。ここで具体的な手だてを打つと、クラスは集団として大きく成長していきます。その取り組みのひとつを紹介します。

初めて学年全体で全体指導を行う際に、先のキーワードを伝えます。たとえば、「思いやり」とします。事前に大きな付箋を用意しておきます。そして練習が終わったら、友達のよいところやありがとうの気持ちを、付箋に書き、用意した模造紙に貼っていきます。模造紙の中央には、キーワードを書くといいでしょう。付箋は最低でも2枚（それ以上でもいい）とします。また、特定の子に付箋が集中しないようにも配慮します。やり方としては、練習の最初に、列などのペア練習を行います。そのときのペアの友達のことを、1枚は必ず書くようにしておきます。

この取り組みを継続して行うと、子どもたちはだんだんこの時間を楽しみにするようになってきます。また書く内容も、最初の頃は「〇〇さんの踊りが上手でした」「〇〇さんが一緒に練習してくれたのでうれしかったです」という内容から、「〇〇さんの踊るときの笑顔がとってもよかったです」や「〇〇さんが、踊るときに手がピンと伸びていてとってもきれいだよと言ってくれたので、うれしくなりました。ありがとう〇〇さん」などと、より具体的で、相手を意識した内容を書くようになってきました。

このように、子どもたちの取り組みやがんばりを「見える化」するのも有効です。

授業で子どもたちをつなぐ①
「縦糸」から「横糸」へ

年度始めは、担任と子どもたち一人一人をつなぐ「縦糸」を意識しながら、学級づくりを進めてきました。「縦糸」の次は、子どもたち同士をつなぐ「横糸」を意識していきましょう。

子どもたちをつなぐ

「縦糸・横糸を紡ぐ学級づくり」という言葉があります。「縦糸」とは、担任と一人一人の子どもたちをつなぐ、つまり縦の関係です。それに対して「横糸」とは、子どもと子どもをつなぐ、横の関係になります。

年度始めは「縦糸」を意識して、学級づくりを進めます。なぜならこの時期の子どもたちは、まだルールや規律が確立していないただの「群れ」だからです。しかし、授業や学活、運動会などを通して、次第に「群れ」から「集団」へと育てていきます。ここから「横糸」を意識した本格的な学級づくりが始まると言えます。「縦糸」「横糸」がひとつになって学級という布が織られていくのです。

学校生活のなかで、最も時間をかけている時間は、やはり授業です。そのなかで、個を育て、集団を育てなければなりません。授業の時間こそが、子どもたちを育てる時間です。その時間で子どもたちをつないでいくことが大切です。

子ども同士をつなぐ授業を

この時期の授業で大切なのは、子どもと子どもをつなぐことです。子どもたちをつなぐ実践はた

くさんあります。そのなかで、自分の大切にしたいキーワードを最も具現化できる実践に取り組んでください。そのほうが、やっていることと言っていることがぶれません。

　また、ペア学習やグループ学習の実践に取り組む先生もたくさんいると思います。ここで気をつけてほしいことがあります。お互いが話している内容も大切ですが、体を相手に向けている、目は相手を見ている、身振り手振りで話している、など相手を意識して話しているかということです。聞くときも同様です。ポイントは「相手意識」です。

　4月当初、まだ2年生気分の子どもたちは、「僕が、僕が」「私が、私が」という子が多いものです。どちらかというと、自分の話を「聞いてほしい」という思いが強いものです。しかし、これまでの学習や学校生活を過ごすなかで、子どもたちも少しずつですが相手意識をもつようになってきます。それを、学習でも意識してほしいのです。

　ある精神科医は、「学習においては、インプットよりアウトプットが大事」と言っています。またある起業家は「人はアウトプットを意識すると、よく学ぶようになる」というようなことを言っていました。つまり、「誰かに学習したことを伝えようとすることはアウトプットであり、そのことが学びをより強固なものにする」と言えます。以前、話題になった「ラーニングピラミッド」*もそのような話です。「聞く・話す」ことで子ども同士をつなぐことが、子どもたちの学習の効果をより高めることになります。

＊参考文献　巻末111ページ⑷参照

授業で子どもたちをつなぐ②

理科　観察したことや経験したことを伝え合う

子どもたちが学校生活のなかで、最も長い時間を過ごすのが「授業時間」です。この授業時間に、教科内容の学習とともに、子どもたちをつなぐことを意識して学級づくりもしていきます。

3年生の子どもたちにとって理科とは!?

3年に進級した子どもたちにとって、楽しみにしている教科のひとつが「理科」です。これまで生活科で学習してきたことを発展させて、より教科として専門的に学習していくことになります。また、初めて学ぶ教科、理科の最初の一歩でもあります。教科としての理科と子どもたちとの出会いも大切にしていきたいものです。

3年生の1学期の理科は、自然の観察や昆虫の飼育など、体験的な学習活動が中心になります。そのためか、理科が大好きだという子はとても多いです。内容もホウセンカを植えて育てたり、アオムシを育ててモンシロチョウ、またアゲハチョウなどを飼育したりと、子どもたちが興味関心をもって取り組むことができる内容が多いです。

これらの学習活動を通して、理科への興味関心を育て、理科の見方・考え方を学んでいく必要があります。その点、理科の教科書は非常によく考えられてつくられています。若手の先生方には、しっかり教科書を読み込んで、教材研究をしてほしいと思います。また、昆虫の飼育や観察は、なかなか予定通りにはいかないものです。余裕をもった学習計画が必要になります。

授業づくりと学級づくりを

私は、授業で「ペアトーク」や「グループトーク」をすることが多いです。理科では子どもたちは自分の観察したことや経験をもとに、実に熱心に話すことができます。子どもたちをつなぐことを意識しながら、「ペアトーク」や「グループトーク」を積極的に活用してみてください。

また、理科の授業で、ぜひ取り入れてほしいアイテムがあります。それは「ホワイトボード」です。ペアやグループで話したことを、「このホワイトボードに書きなさい」と言うだけでも、子どもたちの学習に対する意欲は高まります。できれば4人1組で1つは用意したいものです。

授業では、私は、子どもたちが「知っているようで、知らない」ことを取り上げて描く活動をします。「アオムシを横と下から見た絵」「チョウの体」「昆虫（トンボや甲虫など）の体」などです。意外に描けないものですが、子どもたちは楽しく学習に取り組みます。そして、これも大切なのですが、描いたことを班やクラスの友達に伝えることです。

なかには、うまく伝えることができない子どももいると思います。そのときは、「ホワイトボードを使ってもいいよ」と伝えます。これだけでも、子どもたちは安心して話をします。これが、相手意識をもたせることにもつながります。

理科という教科の特性を生かしながら、子どもたち同士をつないでいきましょう。

授業で子どもたちをつなぐ③

社会科　グループ活動を意識した絵地図作り

1学期の社会科では、学校の周りや地域の様子を学習します。ここでの中心は、絵地図を作ることです。この絵地図の学習で子どもたちをつなぐにはどうしたらいいのでしょうか。

ゴール思考と積み上げ思考!?

子どもたちにとって、新しい教科である「社会科」は、理科と同じく楽しみにしている教科です。生活科で学習した地域に出かけ、絵地図を描いたり、地域の人々にインタビューをしたりした経験が、これから3年生で学ぶ地域の学習につながっていきます。それは社会科における地理学習へのスタートにもなります。

社会科でも理科同様に、教科との出会いを大切にしたいです。絵地図を作る学習では、グループ活動が中心になります。子どもたちをつなぐことを意識しながら、学習を進めていきます。

身近な絵地図から始まる地図学習

3年生の社会科では、教科書よりも副読本を使うことが多いと思います。これは教科書よりも、副読本の方が、より地域に密着した内容を扱っているからです。1学期の社会科では、自分の住んでいる地域や市について学習をします。

ここで、子どもたちをつなぐ学習場面は、何が考えられるでしょうか。やはり絵地図作りでしょう。教科書や副読本では、校舎の屋上から自分の住んでいる地域をスケッチする活動から始まって

います。その後、方位について知り、校区探検へと発展していきます。この校区探検が、思いのほか、難しいです。なかなか、子どもたちが思うように描けないのです。その理由として、まだ物の位置や大きさ、形状などを捉える空間認識の力が十分に育っていない子が多いからではと考えています。そこで私は、机を上から見て描いたり、運動場の絵地図を描いたりすることから始めています。

鳥になったつもりで絵地図を描いてみる

最初の授業です。校舎の高い所（可能であれば、屋上）から、運動場を見せます。そして、運動場の絵地図を描くように言います。子どもたちは、楽しそうに絵地図を描いていきます。その絵地図を見てみましょう。多くは、遊具を見たまま描いていたり、大きさも極端に大きかったり小さかったりしているはずです。そこで、「鳥になって空から見下ろすように描いてごらん」と言います。

すると、子どもたちは屋上から見るだけでなく、その遊具や体育倉庫のそばに行って、まわりをぐるぐると歩いたり、下から見上げたりして観察するようになります。そして、鉄棒を1本の棒で描いたり、体育倉庫を四角で表したりと、かなりシンプルな形で表現できるようになります。ほかにも教室や、校舎の同じ階の様子を描くなど、何度も練習することで、自然と形や大きさを意識して描くことができるようになります。

そして、このことが、次の校区探検のときに生きてきます。さらに、子どもたちをつなぐことを考えて、もうひと工夫します。

授業で子どもたちをつなぐ④
社会科　子どもたちの関わりを深める校区探検

校外での学習は、子どもたちをつなぐチャンスです。ただグループをつくって活動をさせるのではなく、ひと手間かけて工夫をすることで、子どもたちをつなぐだけでなく、高い学習効果も期待できます。

校区探検は準備が大切

前節の活動を通して、子どもたちは見たものを平面に表現することを感覚的に理解できてきています。そして、東西南北の方位を学習し、いよいよ校区探検に出かけます。

この校区探検では、私には苦い失敗があります。学年で以前から使っている手描きの白地図がありました。この白地図には、主要な道路とポイントになる建物が描いてありました。しかし、多くの子どもたちにとっては位置関係がつかめず、自分たちの現在地がどこなのか、またこれからどこに向かっているのかがわからず、そのやり取りで大混乱、さらに交通量がある道路を歩いていたので、十分なフォローもできませんでした。そのため、絵地図のなかには方位がめちゃくちゃだったり、何も記入されていないものもあったりしました。

そこで再び3年生を担任したとき、次のような工夫をしました。まず、白地図の上下左右の端から1センチメートルの部分に、上は「赤」、下は「青」、左は「黄」、右は「緑」と色を塗らせます。これをすることで、「東西南北」がまだ定着していない子どもも、方位磁針の北側に赤を合わせることを決めておけば、常に白地図の上と北が一致します。さら

に、白地図の縦と横にそれぞれ線を引き、白地図を25個に分割しました。そして、縦に12345、横にABCDEと書きました。これで地図帳と同じような形式になります。これだと、「今、いる場所は3のBで、これから4のBに向かって進みます」と言うだけで、子どもたちは混乱なく、自分の現在地やこれから進む方向を理解することができます。

子ども同士の活動に関わりをもたせる

このような準備をしてから、校区探検にのぞみます。すると、子どもたちは「どこに、何を描けばいいのか」ということが視覚的にわかるので、言われなくてもグループで話し合いをしながら記録することができました。また、子どもたち同士で、「今、2のCだよ。これから2のDの方向、ここから東に向かって行くよ」とアドバイスしながら活動をしていました。

校区探検のような学習活動では、ただ単にグループ分けをするのではなく、このような工夫をすることで子どもたち同士の活動に関わりをつくり出すことができます。

3年生の社会科では、スーパーマーケットや工場見学などで、校外に出ることもあります。ただグループをつくり、しおりを持って、「さあ、行きましょう」では、子ども同士のつながりは十分つくりだせません。実際に見学をする際に記録する白地図やワークシートなどに、少し手を加え工夫することで、子ども同士のつながりが増え、より高い学習効果が期待できます。

学期途中の振り返り教師の自己評価を行う

始業式から日々の授業、授業参観、運動会と駆け抜けてきました。「がんばったなあ」とふと油断しそうなときこそ、今年度のキーワードを使ってこれまでの指導を振り返るいいチャンスです。

行事に流されて……

運動会など大きな行事が無事に終わったあとは、ほっと一息つきたいときです。それは子どもたちも同じかもしれません。

気持ちも新たに、「さあ、張り切っていくぞ!」と思っても、学校によっては人権週間や教育相談など行事が続きます。それらに対する準備、事前指導、さらに事後指導と続きます。プールの指導が始まり、時間割も水泳期間中の特別時間割となり、梅雨時期でもあり、なかなか計画通りに授業も進みません。「まあ、子どもたちも自分も、よくがんばったから、ぼちぼちでいいか!」という気持ちが子どもたちにも伝わるものです。

ところが、このちょっとした油断が1学期後半に入り、ボディーブローのようにじわじわと効いてきます。気がつくと学期末近くになり、学習は進んでいない、子どもたちに力がついていないと焦りはじめます。その焦りから、学習のスピードを上げると、ついてこられなくなる子が出てきます。子どもたちの理解が不十分だと、ついイライラして言葉が強くなることが多くなります。そんなときに限って、子どもたちの人間関係のトラブルが発生することがあります。そして、揚げ句の

果てにクラスはバラバラになり……とんでもない状況になっていることがあります。

そうならないためにも、ここで一度、教師としてのあなた自身の振り返りをしてみましょう。

4月に蒔《ま》いたタネは育っていますか?

新年度がスタートした4月、今年度のキーワードを考えて、あなた自身の年度始めの目標を立てたことだと思います。そのキーワードに沿って、子どもたちの学校生活や授業の様子を見ていきましょう。

3年生の場合、まだ精神的に幼い面があります。その日の気分や親との関係、さらには友達関係や担任との関係などから、学校生活や授業に対する意欲にかなりムラが出てきます。なので、子どもたちの様子を学校生活と学習面の2つに分けて自分の指導を振り返り、自己評価を行います。

自己評価は「○:できている」と「△:できていない」で行います。2段階です。これが3段階だと、心理的に真ん中の評価が多くなり、成果や課題があいまいになってしまうことが多いからです。迷わず、思いきってやってみましょう。

次に、それを一つ一つ詳しく振り返ります。箇条書きでいいので、書き出してみましょう。大ざっぱでいいです。そのあと、前に紹介した「パレートの法則」を用いて、集中して取り組む必要のある項目を絞ります。これが、1学期末に向けての課題になります。

あなた自身の取り組みを振り返り、自己評価を行うことで、自分の現在地が確認できるものです。

ほめることについて
子どもの行動をよく見て、自然体で

「ほめて育てる」という言葉を、よく耳にします。「ほめる」ことは確かに大切です。しかし、ただ単に「ほめる」だけではいけません。どんなことに気をつければいいのでしょうか。

「ほめること」「叱ること」どっちが大切?

「ほめること」と「叱ること」、どっちが大切でしょうか。そんな質問を受けることがあります。答えは何でしょうか。「どっちも大切です」というのが、私の答えです。別の言葉で言うと、「その人なりの、バランスが大切」です。

「ほめ方」については、たくさん書籍が出ています。具体的な「ほめ方」は、それらを参考にすればいいでしょう。ここでは、「その人なりのバランス」について考えてほしいことがあります。

あなたはどんなキャラクターですか?

それは、担任であるあなたが、「どんなキャラクターの人間であるか」ということです。

私と同学年を組んだ、ある女性の先生がいました。この先生の指導は、正直、厳しいです。大人の私にも、時に背筋が伸びるくらい厳しいことを言うこともあります。なので、少し近寄りがたい雰囲気があります。新学期は特にそうです。

しかし、4月も終わる頃になると、不思議なくらい子どもたちが寄っていきます。しかも笑顔で、楽しそうに教室で話をしているのです。本人も「私は、あまりほめるのが得意ではないので」

と言っているのに、です。

自分のキャラクターを知り、それを生かす

たとえば、朝のあいさつ運動できちんとあいさつをしていないとき、この先生はとても厳しく叱ります。子どもたちは厳しく叱られて暗い表情になっています。でもそのあと、さりげなく優しい言葉をかけています。その言葉の選び方が、うらやましいくらい、いいのです。その一言でパッと子どもの表情が明るくなるのです。

なぜでしょうか。この先生は子どもたちをよく見ています。そして、そのときの子どもたちの行動に対して、自分の気持ちを、素直な言葉でストレートに伝えています。さらにそれを良い行動、あるべき姿として価値づけをしています。さりげなく、それらを全体に広げるようにも促しています。こうした指導があるからと私は考えています。

この先生はめったにほめない。が、しかし、声をかけるとき、ほめるときには子どもに「自分のことをよく見てくれている」と思わせるような言葉をかける。そのギャップが、子どもたちをひきつけるのではないでしょうか。

「ほめること」は確かに大切です。しかし、性格的にほめることが得意でない人もいると思います。この先生は、自分はほめることが得意でないというキャラクターを知ったうえで、それを生かすようにしているのです。

あなたはあなたらしく、自然でいいのです。自分を子どもたちにさらけだせる、そんな先生を子どもたちも大好きになると思います。

席替え

目的をはっきりさせつつ、遊びゴコロで楽しむ

席替えは、楽しみにしている子が多く、学校生活の一大イベントです。しかし、この席替え、担任にとっては意外に頭を悩ますものでもあります。さて、どうしますか?

席替えは「マイスイートメモリー」で

席替えが、担任にとって、悩みのタネになる理由はいくつかあります。子どもたちの人間関係や学力、視力、また本人や保護者の意向など、さまざまなことを考えなくてはいけないからです。

とは言うものの、あまり硬く構えてしまっては、息苦しい教室になってしまいます。そこで席替えを楽しくするための工夫を紹介します。

①席替えの前に

まず席替えの前に、必ず「何のために席替えをするのか」について話します。私は、席替えは、❶新たな気持ちで勉強に取り組めるようになる❷新しい友達と仲よくなると話します。同時に、新しい隣の友達に対していやな顔をしたり、机をくっつけないようにしたりした場合は、「今後、二度と席替えはしない」と宣言します。これぐらい厳しく言わないと、席替えがトラブルのもとになることがあるからです。

②席替えの方法

私は、くじをすることが多いです。

くじを引いた後、いったん新しい席へ移動します。それを見ながら、冒頭のことについて確認をして、正式に新しい席への移動となります。

③別れと出会いのあいさつ⁉

席を動く前と動いた後に、あいさつをします。思いきり感情を込めて、私の作った詩を読み上げます。子どもたちにも同じように言わせます。

マイスイートメモリー（さよなら編）

「65億人以上いる地球上であなたに会えたの。これって、すごい偶然。でも、今は思うの、これってきっと、必然だと。あなたに会うために、この教室にきたの。仲よく食べたあの給食。ときにケンカになったりして、でも、今はそれもすてきな思い出。さよならは言わないの。また、きっと会えるから。今なら、言えるの。わすれないでね。わたしのこと。そう、それが、あなたとのマイスイートメモリー」

マイスイートメモリー（出会い編）

「65億人以上いる地球上であなたに会えたの。これって、すごい偶然。でも、思うの、これってきっと、必然だと。あなたに会うために、この席にきたの。これから仲よく食べるの、給食を。ときどきケンカするかもしれないけれど、でも、きっとこれから、それもすてきな思い出になるの。よろしくは言わない。これから、ずっと会えるから。今なら、言えるの。すてきな思い出つくろうね。今から始まる、それが、あなたとつくるマイスイートメモリー」

子どもたちは、笑いながら声を合わせます。新しい友達と心の距離が縮まり、話すきっかけにもなります。こんな遊びゴコロを大切にしましょう。

1学期を振り返る

学級目標は子どもたちの実態に合っているか

早いもので1学期も終わりの時期となりました。夏休みを前に、子どもたちはそわそわ、担任はやれやれとなっていませんか。学級目標やルールについて、もう一度振り返ってみましょう。

学級目標は

学級目標は、子どもたちと話し合って作っているはずです。その学級目標が現在の子どもたちの実態に合っているかどうかを確認しましょう。

たとえば、運動会や行事などを通して、子どもたちに大きな成長が見られたら、思いきってもっと高い目標に変えていくのもいいと思います。

しかし、それとは逆に、目標が高すぎる場合もあるかもしれません。その場合は、実態に合った目標に変更することも必要です。

このように、その時々で振り返り確認作業を行うから、学級目標になるのです。これを単に学校や学年の決まりだからと言って振り返りや確認を行わないと、年度末になってほこりをかぶった学級目標の貼り紙や、「学級目標、えーっとなんだっけ」と担任の先生もクラスの子どもたちも、お互いに忘れてしまうということになってしまいます。そうなると、何のための学級目標なのか、となります。

「当たり前」ができているか

朝、登校してから放課後まで、子どもたちの生活の様子はどうでしょうか。「当たり前」ができ

ているか、チェックリストを作って振り返っていきます。

□登校後のルールは守られているか。
□提出物やノートは、整えられて置かれているか。
□ランドセルをしまうロッカーは、整理整頓されているか。
□案外見落としてしまいがちですが、机の横のフックには何がかけられているか。いつの間にか、決められた物以外の物がかかっていないか。
□特別教室に移動するときの、廊下歩行は静かに並んでいるか。
□休み時間に次の授業の準備はできているか。
□チャイムがなったら、着席して静かに待つことができているか。
□何かの都合で担任が遅れた場合、子どもたちは何をしているか。
□給食の準備は短時間でできているか。目安は約10分。
□食べたあとの床に、食べ物が落ちていないか。
□食べたあとの机の上は、きれいか。
□掃除は、黙ってしているか。
□放課後、机イスはきちんとそろっているか。
□教室にゴミは落ちていないか。
□これも見落としがちですが、放課後、窓の鍵はきちんとかけられているか。

コラム 1

熱中、漢字パズル！

新年度が始まった早い時期に漢字パズルクイズを出します。授業の少し残った時間でも朝の会でもいいのです。知的な楽しさとともに子どもたちが協力するよさを実感できます。

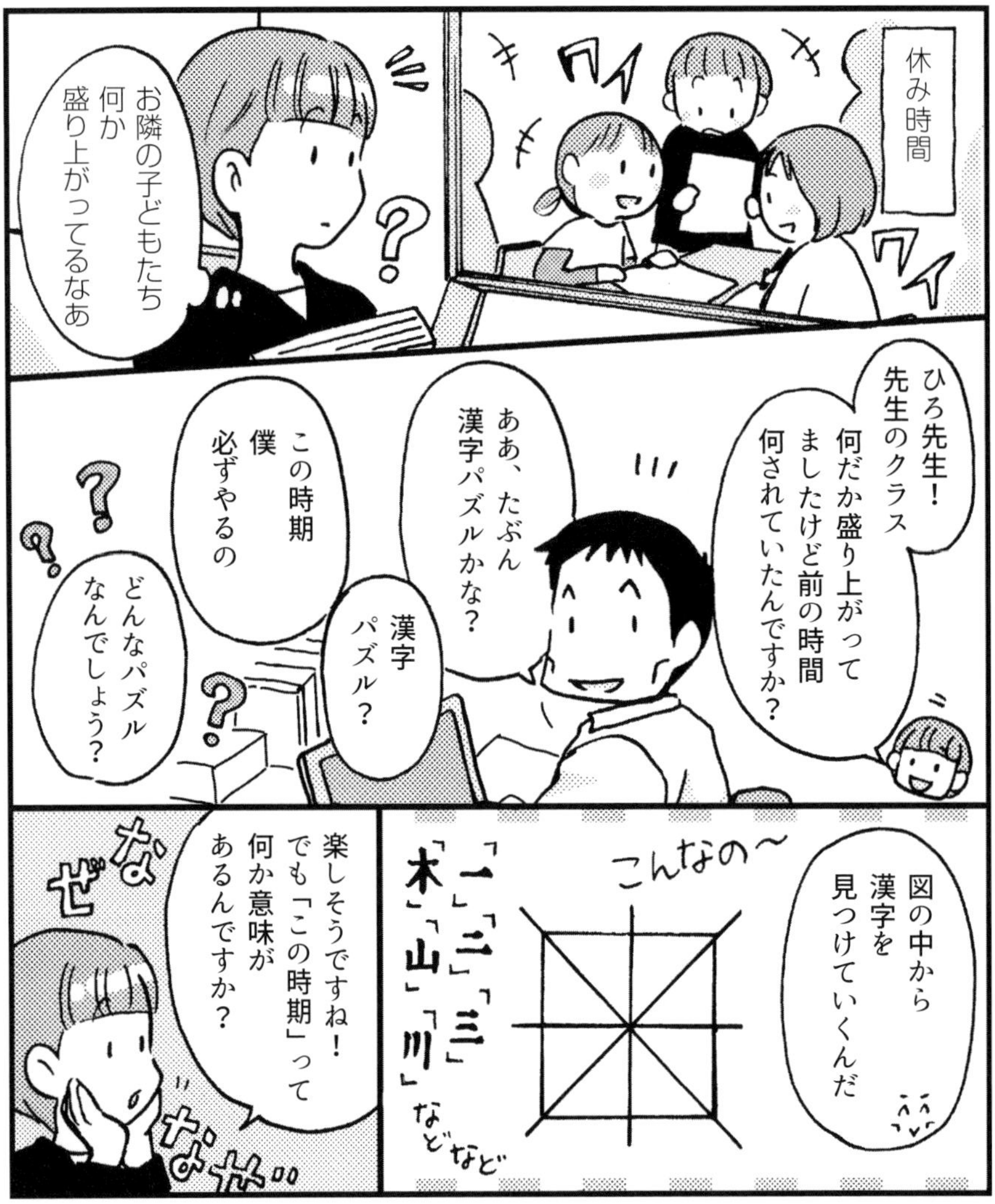

4月の早い時期に取り組んでみよう

この時期に私が必ず行うものがあります。それは漢字パズルです。

学級通信で保護者にも様子を伝えます。家庭でチャレンジする子も出てきます。

この漢字パズルは、上のような図から漢字を見つけるものです。たとえば、「一」や「二」「三」「田」「山」「川」などです。

子どもたちは

「先生、こんな漢字があるよ」

「見つけた、見つけた。やったあー」

と喜んで探していました。

数分後に、見つけた漢字の数を尋ねました。多い子で17個から18個ぐらいでした。

私は言いました。

「隣や前や後ろの友達にも聞いていいよ。たくさん見つけなさい」

すると子どもたちは、

「ああー、そうか、そうか」

「そうね、こんな漢字もあるよね」

などと、見つけた漢字をお互いに見ながら、どんどんその数を増やしていきました。多い子は40以上も見つけることができました。

そこで、いったん作業を止めて、子どもたちに尋ねました。

「自分でやっていたときより、みんな数が増えたね。どうしてだろう」

ある子が手を挙げました（手の挙げ方もきれいでした）。

「友達が教えてくれたからです」

別の子も言いました。

「友達といっしょにするとたくさん見つけることができました」

「そうだね、友達といっしょにするとたくさん見つけることができたね。これを『協力する』と言います。一人でできることも大切です。でもみんなで協力すると、それはすごい力になります。今みんなは、それを勉強したのです。協力するってすごいよね。友達っていいよね。そんな友達に何て言うのかなあ？」

「『ありがとう』です。先生」

「そうだね。ありがとうっていう言葉が教室にたくさんあふれるといいよね」と話しました。

子どもたちはお互いの顔を見て、うれしそうに笑っていました。

教室中に子どもたちの笑顔があふれました。

そのあとです。

子どもたちは休み時間も熱中して探していました。なかには国語の教科書の巻末の漢字一覧を見て探している子もいました。

すごい子どもたちです。

学級通信のススメ①

学級通信で実践力を高めよう

○○市立○○小学校３年Ａ組
学級通信　　　　　　○○年４月８日（金）

First Penguin

始まりました！


初日の子どもたちの様子です。

一言で言うと，「よく鍛えられているなあ！」という感じでした。


始業式です。

まだ担任発表はされていません。

朝から，３年生の子どもたちの様子を見ていました。

朝，教室で始業式を待っている様子ですが，みんな座って静かに待っていました。

体育館です。

子どもたちは静かに，そして姿勢をきちんとして，新しく来られた先生や校長先生のお話を聞いていました。

いよいよ担任発表です。

わたしの名前が読み上げられました。

子どもたちの目が，一斉にわたしに集まりました。

そして子どもたちの前に移動しました。

子どもたちは，笑顔でわたしをむかえてくれました。

「よろしくお願いします。」

とわたしが言うと，笑顔で
「よろしくお願いします。」

と答えてくれました。


新しい担任と教室に戻ります。

「一列になりましょう。移動しながらだけど，できるかな。」

と言いました。

すると，子どもたちは歩きながら，一列になっていきました。

その移動の様子を見ていたのですが，実にスムーズでした。

そのまま教科書を取りに行きました。

「お手伝いします。」

子どもたちは，進んで教科書を運ぶ手伝いをしてくれました。

わたしは最後に，教室に戻りました。

教室に入って驚きました。

子どもたちが持ってきた教科書が，教科別にきちんと並べて置かれていたのです。

そして，向きもきちんとそろっています。

思わず，

「うわー，これはすごいね！」

子どもたちはにこにこと笑顔でした。


その後は，教室でいろいろな話をしました。

大きな笑い声が，教室に響きます。

大切にしてほしい話のときには，静かに聞いています。

そのメリハリがいいなあと思いました。

楽しく過ごすときと，きちんと話を聞くときのけじめがきちんとできています。

放課後です。

だれもいない教室です。

机といすを見ました。

言われなくても，机がきれいにそろっていました。

そしていすです。

きちんと机の中に入っていました。

わたしの背筋がすっと伸びました。


初日の子どもたちの様子でした。

ご意見・ご感想をお聞かせください（点線より切ってお届けください）。

みなさんは、学級通信を出していますか。私は、だいたい1年間で、多いときには140号ぐらい発行しています。

最近は学級通信を出すのが、難しくなってきました。子どもの名前や写真などの個人情報の扱いや、さまざまな雑務が増えて余裕がない、学年間の取り決め（複数学級がある場合、足並みをそろえる）などの理由からです。

しかし、そうした条件がクリアできるなら、やはり学級通信を出す価値はあります。

理由は大きく2つあります。ひとつは、普段の学級での子どもたちの様子を保護者に伝えられることです。私の友人が育児休暇の際、上の子の学校での様子がわからず、「今、何やってるんだろう?」と思っていたそうです。学級通信があれば学校での様子がわかり、親として安心感につながると言っていました。

私は学級通信の最後に、「ご意見・ご感想をお聞かせください」というスペースを作って、双方向になることを心がけています。

もうひとつは、自分の実践記録になることです。忙しいなか、実践記録を残すのは大変ですが、学級通信に書き残すことで継続して記録することができます。このことが、自分の実践を高める力になるのです。実は本書も、これまでの学級通信をベースに執筆しているのです。

第3章 学級成長期（2学期）

成長した子どもたちに合わせ、指導法を変えていく

夏休みを振り返る作文指導
書き方と他者意識を育てる

夏休み明け、子どもたちに夏休みの作文を書かせることが多いと思います。その際、読み手が読みたくなるような工夫を指導することで、書き方や内容だけでなく、他者意識を育てることもできます。

夏休みが明けて

夏休みの後半に、登校日を設ける学校も多いと思います。そこで夏休みの宿題を提出させているのではないでしょうか。

このような場合、夏休み中に募集作品の処理や整理を終えてしまいましょう。余裕をもって子どもたちと夏休みの振り返りができるようになります。

事柄作文？ グルメ作文？

2学期に入ると、すぐに夏休みを振り返る作文を書かせます。B4判を縦にして、上下半分に作文用紙を印刷した紙を配ります。

作文を書くねらいは2つあります。

ひとつめは、夏休みの様子を知るためです。全員と話すことは難しいので、作文として書いてもらいます。すると、夏休みの様子を知ることができます。夏休みの過ごし方を知ることで、休み明けの生活の指導もできます。

ふたつめは、作文指導をするためです。最初に、子どもたちには何も言わずに、上半分の作文用紙に作文を書かせます。すると、多くの作文は、

> 夏休みにキャンプに行きました。朝、6時に起きて行きました。○○県の○○キャンプ場

というところです。着いたら、テントを立てました。次にごはんを食べました。やき肉をしました。肉がとってもおいしかったです。次に川で遊びました。楽しかったです。夜になったので、ごはんを食べてねました。とっても楽しかったです。

という、事柄や感想だけの内容になりがちです。

書き出しを工夫してみると

そこで、次に作文の書き出しを工夫するように話します。定番の実践ですが、書き出しにかぎかっこを使います。少し説明して例を紹介します。そして、今度は下半分の原稿用紙に書かせます。先の作文だと、

「あー、ねむいなあ。」ぼくは大あくびをしていました。するとお父さんが、「もう少しだよ。」と言いました。今、○○県の○○キャンプ場へと向かっている、車の中です。今日は、ぼくが楽しみにしていたキャンプの日です。～

というように、作文が激変します。子どもたちは「もっと書きたい！」「こんなふうに書いたら楽しそう」と喜々として原稿用紙に向かいます。

原稿用紙を上下半分ずつ用意したのは、このように比較ができるからです。また、ここで読む人が「読んでみたいなあ」と思える作文を書くことが、相手を意識すること、つまり他者意識であることも伝えます。

作文でも、相手のことを考えながら書くことが、他者意識を育てることにもつながります。

当番を決める「上達論」を意識した指導

2学期が始まり、気持ちも新たに当番を決める学級も多いと思います。1学期に比べると成長した子どもたちです。その決め方も1学期と同じでいいとは限りません。やはり工夫が必要です。

2学期は「自分でできることは自分でする」

1学期は、どのように当番を決めたでしょうか。多くの学級が、子どもたちと担任で相談しながら決めていたと思います。2学期も同じようにと、思っている方も多いと思います。

しかし、子どもたちが成長しているなら、決め方も同じでいいのでしょうか。子どもたちの成長に合わせて、決め方も変えていく必要があります。これが「上達論」の考え方です。

子どもたちは、これまでの当番活動を通して、どんな当番が必要なのかは経験的に知っています。この当番活動を決めることも、ぜひ子どもたち自身で決めさせましょう。

ポイントは担任が必要以上にしゃべらないこと、子どもたちに任せることです。担任は、おおまかな道筋だけを示します。その後は、できるだけしゃべりません。そのためには、子どもたちが話し合いで進められるようにします。1学期から取り組んできた、「ペアトーク」や「グループトーク」がこのような場面で生かされることでしょう。

ところがこのようなとき、子どもたちが好き勝手に話し始めて、収拾がつかなくなってしまうことが

あります。数名の子たちが、担任をちらちら見はじめたらチャンスです。ここで担任が仕切ってはいけません。話し合いを進めるために、何が必要かを考えさせます。答えは司会者です。わからなければ、教えても構いません（国語科の学習が身についていれば、司会者が必要と気づくと思います）。ここで、再度、「できることは自分たちでしていこう」と強調します。

子どもたちは、仕事が出たら、どんどん必要な当番の仕事をあげていきます。1学期の当番表を用意しておくといいでしょう。これまでの当番活動の経験が、きっと生かされていきます。

当番が決まったら

ようやく当番が決まりました。子どもたちも「決まった!」、もう終わりだと思うでしょう。しかし、まだあります。さて何でしょうか。子どもたちに尋ねると、「決まった当番を表にする」と答えるでしょう。そうです。次は当番の表です。当番を決めたら、最後にそれを表にすることも子どもたちに任せるのです。字を書くのが好きな子、イラストを描くことが好きな子たちが大活躍してくれます。できあがった手作りの当番の表は、なかなか味のあるすてきなものになるはずです。

当番活動を決めるのも、このように少し手を離すだけで、成長した子どもたちは生き生きと活動するようになります。くれぐれも、しゃべりすぎないように気をつけてください。子どもたちに任せる、これは教師にとっての「上達論」ですね。

パズルでコミュニケーション 子ども同士の新しい関係づくり

子どもたちはパズルが大好きです。このパズルを、コミュニケーションづくりに活用しましょう。しかも算数の計算問題で。子どもたちも先生も、楽しく笑顔いっぱいになります。

計算問題をパズルで？

いきなり「計算問題をします！」と言うと、多くの子どもたちが「えー！」と言うはずです。計算問題も、少し手を加えて「パズル」の形にすると大いに盛り上がり、子どもたち同士のコミュニケーションを図ることもできます。

やり方は次のとおりです。

①A4判ぐらいの大きさの紙を数枚用意する。（学級が30人なら6枚ぐらい。コピー用紙でもよい）
②それぞれの紙に計算問題（たとえば、20÷5のような式）を太字で書く。
③計算問題を書いた紙を、5つに分けるように切る。（切る形は自由ですが、計算問題の式の文字の一部が必ず入るように切る）
④切った紙を1枚ずつ、子どもたちに配る。
⑤子どもたちは持っている紙をパズルのようにほかの友達と組み合わせながら、計算問題の式を完成させていく。
⑥計算問題の式が完成し、答えがわかったら、そのグループで教師に伝える。
⑦答えを教師に言うときは、全員で声をそろえる。正解なら、教師は「正解！」と言う。

これはとても盛り上がります。と同時に、「2の下の部分を持っている人いませんか」「だれかこの部分（途中まで完成した計算問題の式を見せながら）持っていない？」と、子どもたち同士で声をかけ合うようになります。そして、パズルが完成し、答えを担任に伝えるとき、全員そろって大きな声でうれしそうに答えを言ってくれます。この時期には、算数のわり算の学習も進み、余りのあるわり算にも取り組んでいる頃です。楽しく算数科の復習もできます。

本当のねらいは

この活動の本当のねらいは、子どもたちの新しい関係づくりです。2学期になると、子どもたちの人間関係も固定化が見られるようになります。特に3年生の頃は、「男子」とか「女子」というようなことを、強く意識しているものです。ですが、このような活動は偶然性が高く、普段一緒に学習活動や遊んだりしていない子ども同士がグループになる可能性も高くなります。そして、男女の組み合わせもわかりません。しかも楽しい活動なので、自然と声をかけ合う姿が見られるようになります。

このように、計算問題をパズルにした楽しい活動ですが、ねらいを新しい人間関係づくりにすると、同じ活動でも違った視点で見ることができるでしょう。2学期の初めにこのような活動を、積極的に取り入れてみてはどうでしょうか。

国語科の授業
付箋を使った話し合い

教科を問わず、また普段の生活でも、話し合いをすることは多いものです。話し合いの仕方を学ぶ単元もあります。その話し合いで、子ども同士のつながりを育てていくための工夫を紹介します。

国語科の学習では

国語科では、「話す」「聞く」に関する学習の単元や時間が増えています。これらの単元は、「やったから終わり」ではなく、手引書のような形で繰り返し活用することが大切です。

それらを通して、子どもたち同士がつながる力を意図的に育てることができます。同時に、つながるために必要なスキルやツールを教えていくことも大切です。そのようなスキルやツールを使いながら行った授業の実践を紹介します。

付箋を使った国語科の授業

学校生活を家の人に伝える単元があります。この単元では、「誰に（相手）」「何のために（目的）」を明確にしながら、話題を決め、それをどのように説明していくのか話し合う活動が学習の中心です。ここでは付箋を使い、「お互いの意見の、同じところや違うところを考えながら話し合う」活動を説明します。

子どもたちと、この日の学習活動を確認し、グループになって話し合いを始めるように指示します。子どもたちは喜々としながらグループでの話し合いを始めますが、思ったより話し合いは進み

ません。そこで、付箋を使った話し合いを提案します。子どもたちは付箋を見るだけで大喜びです。各グループに数枚渡し、付箋に思ったことや考えたことを一語でもよいので書くよう指示します。子どもたちが書きはじめたら、教師はしばらく黙って様子を見守ります。

やがて、同じ意見の付箋を順に並べて、話し合いをしているグループや、付箋に自分が書いた言葉を指差しながら、熱心に説明しているグループが出てきます。付箋を縦や横に動かしながら、「ここは同じ。ここは違う」と話し合うグループもあるでしょう。

話し合いのツールとして付箋を使うだけのことですが、子どもたちの話し合いは大きく変わります。どの子も、真剣に話し合いに参加します。発してしまうと消えてしまう言葉も、付箋に書くと「見える化」されて残るので、どの子の意見も話し合いのヒントになるのです。

話し合いは国語科の授業だけでなく、ほかの教科の学習や生活のさまざまな場面で行われます。相手の話をきちんと聞くことや、誰にどんなことを話すのか、順序立てて、わかりやすく伝えることは、どの教科にも共通する大切な力です。同時に、スムーズに話し合いを進めるスキルやツールについても指導していくことが必要です。

ただ単に、「ペアトーク」やグループで話し合うだけでなく、このように話し合いの仕方を工夫することで、子どもたち同士がつながる力を育てていきます。

社会科の授業
「見えないものを見る」力を育てる

日常生活で、普段から目にしているものでも、改めて問われると、案外とわからないことも多いものです。子ども同士の関わりを通して、「見えないものを見る」力を育てていきます。

社会科の授業では

3年生の社会科では、1学期は身近な地域について学習します。2学期は、地域（自分の住んでいる市町村など）で働く人々（商業施設や工場）について学習します。

2学期の前半は、スーパーマーケットで働く人々について学習します。スーパーマーケットは、日常的に家族で利用することが多い場所のひとつです。スーパーマーケットのお客さんに買ってもらうための工夫を考えながら、子どもたちをつなぐ授業の実践を紹介します（なお、本実践は関西学院初等部の村田辰明先生の実践を参考にしています）。

あなたが店長さんなら、どこに並べますか？

「大人向けのチョコレート」「グミ」「オマケ付きチョコレート」の3つのお菓子の写真を黒板に貼りました。その3つのお菓子を、スーパーマーケットの店長さんになって、上中下の3段の棚に並べるように言います。子どもたちそれぞれのグループを、お店に見立てています。「経営企画会議をします」と言うと、それだけで盛り上がり、楽しそうに話し合いを始めます。

しばらくしてから、この3枚の写真を並び替えさせます。実際にやったときに感じたのですが、この並べ方も子どもたちなりの理由があります。グループで話し合ったことをもとに、考えて発表しています。ちなみに正解は、上段が「大人向けのチョコレート」、中段が「グミ」、下段が「オマケ付きチョコレート」となります。これは、お菓子を買うお客さんの目線（大人は高く、小さな子どもは低い）に合わせて商品を置いているのです。

次はパック入りの肉が写っている写真です。一部を隠しています。今度は、この隠れているものを考えます。正解は「焼肉のたれ」です。これは商品の近くに、関連する商品を置くという、お店の工夫です。

子どもたちはこれらの学習活動を通して、お店がお客さんに商品を買ってもらうための工夫に気づくことができます。こうした学習を行った後に見学に行くと、子どもたちは実にさまざまな発見をします。そして、普段見ているようで、実は見ていないことを実感できます。

社会科の学習でも、教科の特性を生かして話し合いの工夫をします。子どもたちのつながりを意図的につくることで、実に子どもたちは生き生きと学習に取り組むことができます。

3年生の社会科の学習は、生活経験に基づいて単元が構成されています。子どもたちの生活経験はそれぞれ違います。しかし、このような活動を通して、子どもたちはそれぞれの違いが学習に生きてくる経験を積むことと同時に、「見えないものを見る」力が育っていきます。

算数科の授業

3年生算数科の最優先事項　わり算を徹底

3年生の算数科で大きなポイントになるのが「わり算」です。最近は計算練習に十分な時間をとれないこともあります。しかし、このわり算の計算練習を徹底すると驚くべきことが起こります。

算数科の「悲劇」

高学年を担任したときです。算数科が苦手の子がいました。その子は、かけ算がすらすらと言えませんでした。また、繰り下がりのあるひき算があやしい子もいました。

学年を戻って復習をするように声をかけたり、また個別に課題を出したりしたこともありました。しかし、効果は出ませんでした。というより、「何をいまさら」という気持ちか、本人のプライドなのか、やってこないのです。

それからのその子の算数科の成績は、見るも無残なものでした。そのうち、「どうせ算数はできないから……」と算数科の学習を避けるようになりました。そのあとは、推して知るべしです。これは算数科において、基本的なことを身につけずに学年が上がってきたことからの「悲劇」でした。

3年生の算数科の最優先事項とは

3年生の算数科は、とても大切です。

3年生の1年間で、どのように算数科に関わるかで、今後が決まってきます。特に、授業で扱う内容が増えてきている昨今、一度つまずくと、そ

れを学校でリカバーするのは、非常に難しいことです。また、あれもこれも、とすると結局、何も身につけられないこともあります。特に、算数科が苦手な子では、それは顕著です。

そこで、取り組むべきことを絞る必要があります。私はそのポイントに、計算をあげています。何はともあれ、計算を最優先事項として取り組むべきだと考えています。

これまで算数科が苦手な子、得意でない子を見てきて感じるのは、計算がとにかくできない、または遅いということです。そのため、はなから問題に取り組もうとしない、さらに複雑な計算問題や文章題においては読むことさえもしない、ということが見られました。

また、計算に関しては、これから先の算数科の学習だけにとどまらず、生活のあらゆる場面でも必須のスキルです。だから、（せめて）計算だけはできるようにすることが、担任として大切ではないでしょうか。

わり算が分岐点！

多くの教科書では、3年生の1学期後半から2学期にわり算の学習を行います。このわり算が、今後の子どもたちと算数科とのつきあいの分岐点になると、私は考えています。

教科書では、わり算の「等分除」や「包含除」の考え方を学びます。これは、わり算を学ぶうえでは、基本的な考え方になります。そのあと、わり算のスキル的な学習になり、計算練習が中心になっていきます。

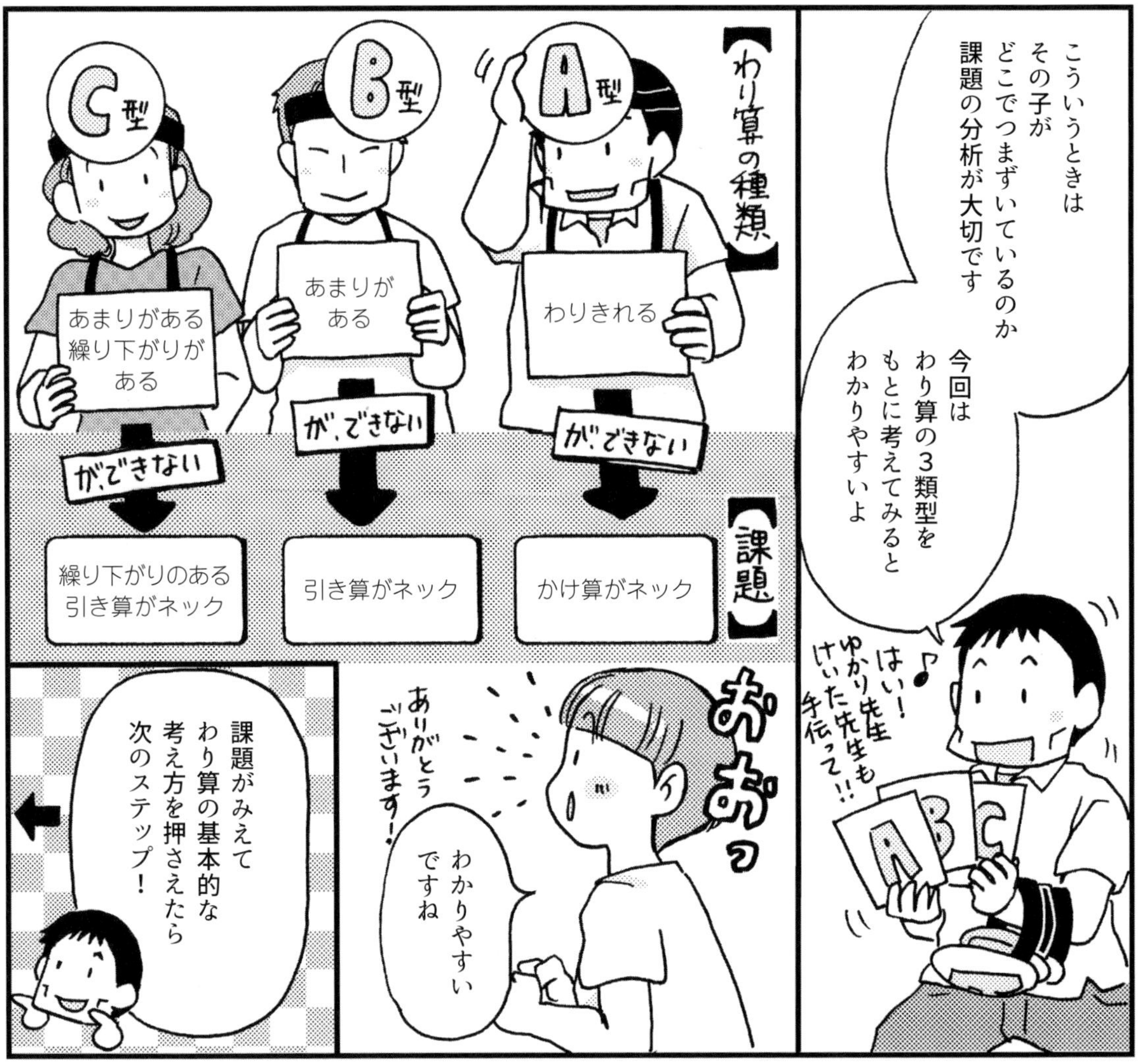

わり算の3類型とは

ここで次のわり算の違いがわかるでしょうか。少し考えてみてください。

A　4÷2
B　14÷6
C　14÷9

答えを書くと、

A　4÷2＝2
B　14÷6＝2あまり2
C　14÷9＝1あまり5

となります。

ここまで書くと、どうでしょうか。

まず、AとB、Cがすぐわかると思います。Aはあまりがなくわり切れますが、BとCはあまりが出ます。

次にBとCの違いはなんでしょうか。筆算をするとわかるのですが、BとCの違いは「繰り下がり」が「ある」か「ない」かです。

実は、わり算にはこの3つの類型があるのです。それぞれをA型、B型、C型と言い、これをわり算の3類型とします。

わり算の指導では、この3類型があることを知っているだけでも、子どもたちがどこでつまずいているのかがわかります。「かけ算ができていない」のか、「引き算ができていない」のか、「繰り下がりのある引き算ができていない」のかと、3類型をもとに、それぞれの課題を分析すること

ができます。

とにかく反復練習！

わり算は、とにかく反復練習です。ただ反復するのではありません。「徹底」的に反復することが大切です。

私は、わり算の学習が始まる前から、かけ算の練習を行います。そのあと、授業は教科書に沿って進めます。そして、わり算の学習が終わると、A型①②（A型のプリントが①と②の2種類。以下同様）、B型①②、C型①②と順にプリントに取り組ませます。このとき、A型①のプリントを、制限時間内で2回続けて全問正解したら、A型②へ。それが合格したらB型①、次はB型②へ、次は……（以下同様）、と進めていきます。このとき、A型①が合格できないと、次のA型②へは進めないことにしておきます。あとは、これを繰り返し、反復していくだけです。目標は全員がC型に取り組んでいる教室です。

計算練習の効果！

これは私の経験からですが、この計算を繰り返していると、子どもたちの算数科の力がぐっと伸びます。そして、頭の回路がつながるのでしょうか、不思議なことにほかの教科も伸びてきます。また行動が速くなったり、落ち着きが出てきたりします。本当に不思議です。

これはやった人しかわからないことです。それも徹底的にやった人だけです。それくらい計算は子どもたちを変えます。ぜひ挑戦してみてください。

理科の授業
言葉で正確に伝える力を育てる

子どもたちは、言葉がコミュニケーションの手段であることは知っています。しかし、まだ語彙も十分ではなく、表現も自分中心です。相手を意識した表現を、理科でも養っていきます。

2学期の理科は天候に左右される

2学期の理科は、「太陽とかげ」「太陽と光」というように、屋外で観察する単元があります。この単元は天候に左右されやすいので、余裕をもって計画的に進める必要があります。とはいえ、行事もあるなかで、学習を進めるのはなかなか大変です。

私は、この間だけは理科の教科書とノートを毎日持ってくるようにしています。また、天候によって学習が進まない場合は、教科書とノートを置いておくようにしたこともあります（時間割にかかわらず、授業をすることができるようにするためです）。

「太陽とかげ」の学習で

2学期前半に「太陽とかげ」の単元を学習する教科書が多いです。この単元では、太陽の向きによって影の向きが変わることや、1日の太陽の動きなど、太陽と影の関係について学習します。

単元の導入では、太陽と影の向きについて、「かげふみ」や「かげつなぎ」などをします。子どもたちは、運動場を走りまわったり、影をつないだりして、楽しそうに活動します。

その後、教室でわかったことや気づいたことを話し合います。子どもたちから、「自分が動くと、影も動く」「影をつなぐと、真っすぐになった」などの意見が出てきます。これらの意見を整理しながら、「影の向きは変わらない」ということを押さえます。ここで教科書の写真資料を使い、「では、太陽の向きと、影の向きはどんな関係があるのかな?」と尋ねます。すると、「太陽と影の向きは同じ」という意見と、「太陽と影の向きは反対」という意見が出てきます。そこでまた、教科書の写真資料を使います。写真では、真んなかに人が立っており、その影が伸びています。そして、その人の影の反対側に太陽があります。これを見て子どもたちは、「影は太陽の反対側にできる」と声をそろえて言います。

言葉で正確に伝えることを

「しかし、まだ不十分です」と言うと、「どうして」という顔を、子どもたちはします。「太陽があると、影ができるの?」と黒板に地面を描いて、太陽と影を描きます。すると「そうだ、人や物がないと影はできないよ」と気づきます。ここで、「影は、日光(太陽の光)をさえぎるものの反対側にできる」と学習のまとめをします。

子どもたちは自分の思いだけで、ものごとを話そうとします。自分のわかっていることは、相手もわかっていると思ってしまうのです。大人でもありがちなことです。相手意識と言葉で正確に説明する力を、理科の授業を通して養っていきましょう。

体育科の授業
小型ハードル走で「場づくり」を工夫させる

体育科では、学習の「場づくり」が大切です。「場」を工夫するだけで、子どもたちは汗をかきながら、しっかり体を動かします。さらに、子どもたち同士の関わりを増やす「場」にもなります。

体を動かすことが大好きな子どもたち

3年生の子どもたちは、体を動かすのが大好きです。鬼ごっこや、リレー競走などを好んでします。体育科の時間では、十分な活動量を確保することは当然ですが、子どもたちが関わりをもてるようにするための工夫も必要です。体育に必要な技能を身につけながら、思考することを通して、子どもたち同士の関わりを生み出す授業を紹介します。

小型ハードル走の学習で

小型ハードル走の学習では、小型ハードルを使ったリレー競走を、以下のように行います。

①クラスを4~6チームぐらいに分ける。
②直線距離で約30メートルから40メートルぐらいの、折り返しのリレー競走を行うことを伝える。（折り返し地点に、カラーコーンを置くとよい）
③それぞれのチームにミニハードルを5~6個程度与える。
④スタートから折り返し地点までの間に、チームで話し合って、ミニハードルを置いてコースをつくるように言う。（置く場所は自由。

①チームで話し合い、小型ハードルをそれぞれのコースに自由な間隔で設定する
②リレー競走で走ってみる
ヨーイ
ピー
すごく走りにくかったなー
これじゃ負けるわ
ハァハァ
ハードル近すぎたね
間あけて置いたほうがいいよ
そうだね
走りにくかったらまた話し合って置く場所を変えてもいいですよ
よっしゃ!!
いちばん走りやすくしよう！
③コースの設定を工夫する
いくよー
何歩か数えて～
待って！これも置く
こうした「場づくり」を試行錯誤しながら工夫することで関わりが生まれるよ

ただし、ミニハードルは折り返し地点のカラーコーンに対して、まっすぐに走ることができるように置く）

⑤ミニハードルを置いて準備ができたらリレー競走を始める。（折り返した後は、ミニハードルをとばないように注意する。安全のため、とぶのは、行くときだけにする）

実際にやってみると、子どもたちはスタートの直後か、折り返し地点の近くに、ミニハードルをかためて置くことが多いです。理由は、走る距離は長くした方が、早く往復できると考えているためです。

自然と話し合いが始まる

しかし、間隔を詰めて置いたミニハードルだと、リズムよく速くとびこすことができません。自然と、子どもたち同士で話し合いが始まります。そこで、チームで相談して、ミニハードルを置く場所を変えてもいいよと伝えます。すると、子どもたちは実際に走りながら、ミニハードルを置く場所を変えていきます。このように何度かリレー競走、話し合いを繰り返します。

そのうち、ミニハードルを等間隔で置いた方が、リズムよく速く走ることができることに気づきます。

体育科では「場」の工夫を

体育科では、子どもたちに「場」を考えさせましょう。動くことが好きな子どもたちは、試行錯誤しながら工夫していくはずです。

自主勉強の「振り返り」を書く
自ら学ぶ力を育てる

3年生の多くの子どもたちが、書くことに苦手意識をもっています。しかし、「書く」ことを通して子どもたちは成長していきます。最初はとにかく、書かせましょう。継続は力なりです。

「振り返り」と「日記」の違いとは？

自主勉強のメニューのひとつとして、「日記」に取り組んでいる先生方も多いと思います。

それとは別に、ぜひ取り組んでほしいものがあります。それは「振り返り」を書くことです。

「振り返り」と言うと、「何だ、日記ですね」と思う方もいるでしょう。

しかし、「日記」と「振り返り」は違います。「日記」とは、その日にあったことを思うままに書くものです。それに対して「振り返り」とは、自分で「めあて」を立て、それに対して「（結果が）どうだったのか」さらにそこから「何を学び、これからどうしたいのか」ということについて書いていくものです。

これが書けるようになると、「自分で目標を立て、それに向かって努力し、結果を次に生かすことができる」ようになり、子どもたちは一気に成長していきます。

「振り返り」を書くのは難しい？

3年生にとって、このような「振り返り」を書くことは少し難しいかもしれません。

しかし、私はこれまでの経験から、「書けるよ

うになると、子どもたちは成長する」と強く感じています。取り組む意義は大きいです。最初は書けなくてもいいのです。毎日、少しずつでいいから、積み重ねていくことが大切です。それが積み重なって、ある日、書くことができるようになります。そうなると、学級の雰囲気も変わってきます。書くことが当たり前になると、学級も大きく成長していきます。

「振り返り」の取り組み方

その日の自主勉強について、「振り返り」を書くようにします。

子どもたちには、最初に、そのねらいを話します。ねらいは2つあります。

①その日に取り組んだ自主勉強の「振り返り」を書くことで、反省したり、次の課題を立てたりする力をつける。

②毎日書くことで、書く力をつける。

最初の頃は、書く内容や分量について、特に言いません。これらにこだわると、子どもたちが拒否反応を起こしてしまうからです。

書けない子どもたちには、教師が「何を自主勉強にしたの?」「それはできた?」と尋ねて、一言ずつでも書かせるようにしていきます。

しばらくすると、「これは!」というものが出てきます。その「振り返り」を読み上げたり、学級通信で紹介したりします。そうすることで、モデリングが行われ、子どもたちが「何を、どのように」書けばいいのか理解するようになります。そして、しっかりほめることです。できれば、赤

でコメントを書くといいでしょう。「何が、どういいのか」を具体的に書いてください。

あとは、それを繰り返すことです。次第に、書く内容、分量、ともに向上していくことでしょう。

そのうち、自主勉強ノートを返却すると、子どもたちがノートを開いて、うれしそうにする顔を見ることができるようになります。その笑顔が、担任のモチベーションを上げていきます。

ぜひ、チャレンジしてみてください。

「振り返り」で自ら学ぶ力を育てる

次に挙げる「振り返り」は、始めてしばらくしてからのものです。取り組めば、子どもたちがどんどん伸びるということが感じられます。

Aさんの自主勉強の「振り返り」

苦手だった漢字でわたしが一番がんばったのは「寒」と「第」の漢字です。

「寒」という漢字は、「つき出す」ところと「つき出さない」ところのくべつをしないといけないことに気をつけました。

はじめにつまずいたところは、7画目のところです。上はつき出しているけど、下はつき出さないのかなあと、最初は思っていました。

でも、よくお手本を見ると、4、7、8画目は全部つき出すことを知って、びっくりしました。

「第」という字は、バランスがむずかしかったです。

わたしは特に、バランスを注意したところは、7、8、9画目です。

途中、バランスがくずれそうになり、何度もやり直しをしました。

そしてやり続けた結果、2つの漢字がきちんと書けるようになりました。

これからも、いろいろな勉強にチャレンジしていきたいです。

Bさんの自主勉強の「振り返り」

計算ドリルの、3けた×1けたの問題をしました。

自分は計算するときに、計算ミスをよくします。

いちばん計算ミスをしやすい問題は、百の位と一の位にくり上がりがあるときです。

なので、まちがえないように気をつけて計算しました。

全問正解できるように、レベルアップしていきたいと思います。

漢字は「歯」という字の書き順がまちがえやすいので、その字を中心にしながら他の字も気をつけて書きました。

Cさんの「振り返り」

今日は、帰ってからすぐに宿題をしたほうがよかったのでは、と思いました。

理由は、今日の夜、習いごとがありました。

帰ってきたらつかれて、なかなか宿題ができませんでした。

帰ってからすぐするのがいいと思います。

冬の定番運動　縄とび
二重とびに学級で取り組む

冬の小学校の運動場の風物詩といえば、縄とびです。3年生は、二重とびがとべるようになると、大きく自信をつけます。そして、学級もまたひとつ、まとまってくるものです。

冬の定番運動

縄とびは、「全身持久力」「敏しょう性」「跳躍力」などの体力や運動能力を養うのに効果的です。そのためか、冬の体育で、縄とびに取り組む学校は多いです。特に、体を動かすことを好む3年生にとっては、人気のある運動のひとつです。

しかし、普通の前とびはできても、二重とびや連続二重とびになると苦手とする子どもは、意外と多いです。それだけに、できるようになると大喜びで、大きな自信をもつようになります。

二重とびの指導はスモールステップで

二重とびがとべるようになるためには、1回旋1跳躍（いわゆる前とび）が30秒間で70回以上できることが前提となります（*石黒修氏の実践より）。二重とびがとべない子は、ここから指導します。

次の①②で二重とびのリズム感覚を体に覚えこませ、とび縄を持って二重とびがとべるまで練習します。

①ジャンプをしながら、手を2拍たたく。

②ジャンプをしながら、太ももを同じように2拍打つ。（このときのフォームが二重とびの

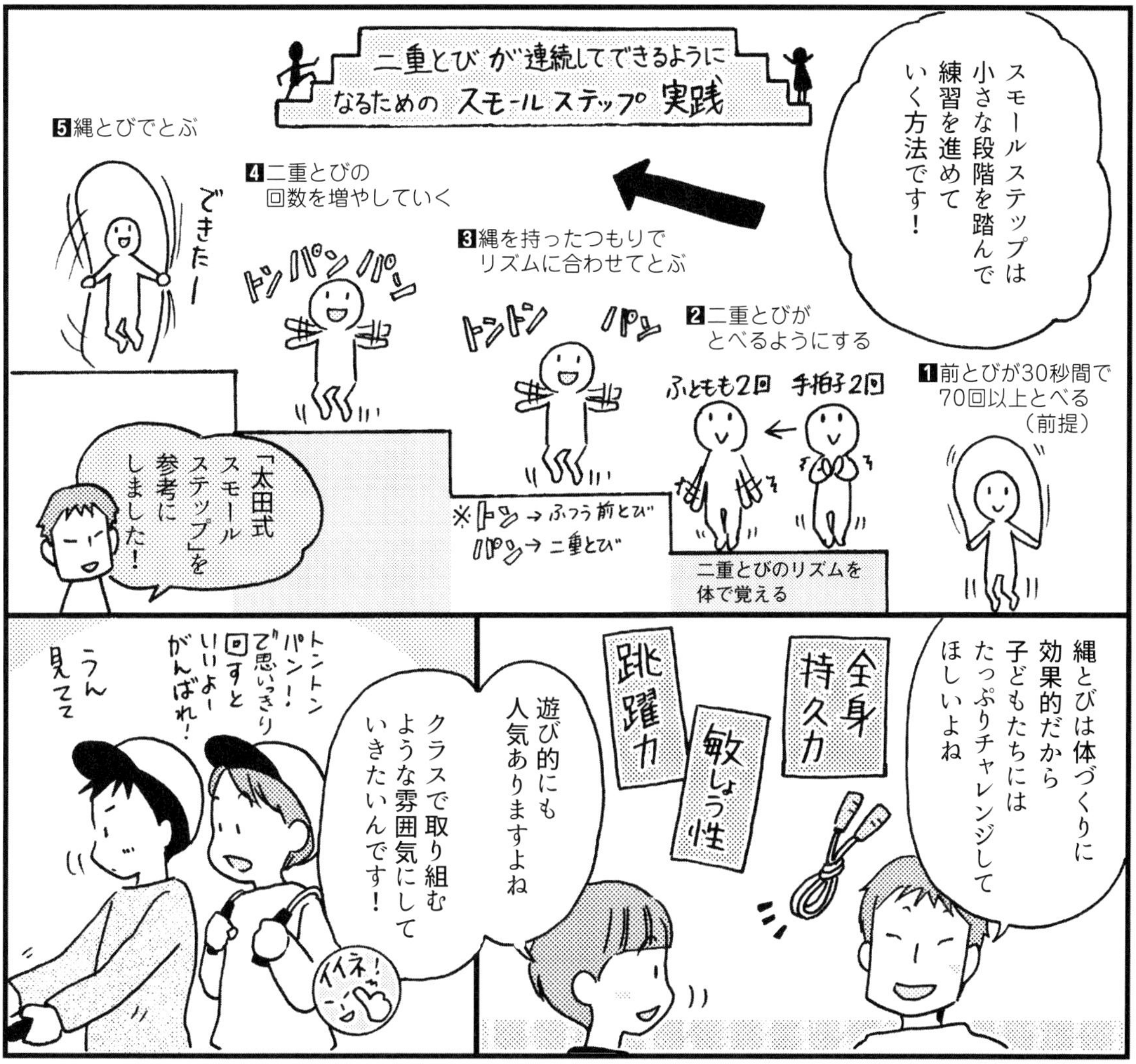

フォームになっています）

二重とびがとべるようになったら、二重とびを連続してとべるよう、太田式スモールステップで[**]指導していきます。（太田式スモールステップを参考にして、私なりにアレンジしています）

③トン、トン、パンのリズムでとびます。（トンは普通の前とび。パンでジャンプしながら、手を二重とびの動きで大きく回します。まだとび縄はもちません。動きだけ行います）

④同様に、トン、トン、パン、トン、トン、パン。

⑤回数を増やします。トン、トン、パン、トン、トン、パン、トン、トン、パン。

⑥どんどんパンの動きを増やします。トン、パン、パン。

⑦同様に、トン、パン、パン、トン、パン、パン。

⑧増やします。トン、パン、パン、トン、パン、パン、トン、パン、パン。

少しずつ、とぶコツや手を回すコツがわかってきたら、とび縄を持たせて実際にとばせてみます。コツをつかんだ子は、これだけで2回から3回くらいとべるようになります。できなかった子は、とび縄を持たずに繰り返し指導していきます。きっとできるようになります。

そのうち、学級でとべるようになった子が苦手な子に教えたり、数名で「トン、トン、パン」と声をかけ合いながら取り組む姿が見られるようになります。こうやって、学級に「みんなで協力してがんばる！」という雰囲気が生まれてきます。

＊、＊＊参考文献　巻末111ページ⑹参照

学芸会の指導

成長した子どもたちの力をさらにレベルアップ

2学期の後半から3学期の1月ごろに、学芸会がある学校も多いでしょう。3年生にとっては、年間を通して運動会に続く大きな行事です。ここでもしっかりと子どもたちの力を育てます。

学芸会でも！

学芸会であっても、取り組む姿勢は運動会と同じです。「普段の学びを行事へ。行事での学びを普段の学びへ」です。

ただ運動会と異なるのは、子どもたちも以前と比べて成長しているということです。運動会の頃は、まだ学年や担任の先生を中心に動くことが多いと思います。しかし、2学期の後半です。3年生としては、1年の約3分の2が過ぎようとしています。子ども一人一人が、自分の力をもっと高めようと成長している時期に、行事とはいえ1学期と同じ指導ではないはずです（上達論）。担任が、さらに成長を促すような取り組みを行うことで、子どもたちは充実感あふれる学校生活を送ることができます。これは、3学期、次の学年に向けての布石にもなります。

劇の指導では

ここでは劇の指導を例にとって、子どもたちの成長を促す取り組みを紹介します。

まずは、練習計画（スケジュール）を学年の先生方だけでなく、子どもたちにも伝えます。このとき、単に計画を伝えるだけではなく、練習を通

して子どもたちに「何ができるようになってほしいのか」「どのようになってほしいのか」というイメージが具体的にわかるようにします。そのためにも、台本のなかに、練習計画とキーワードを入れておきます。

実際の指導では

役決めから本番までを5期に分けて取り組みます。

第1期：内容をつかむ

①台本を読む

どんなストーリーか？（どんな登場人物が出てくるのか？）

②演じたい役を決め、練習する

「どの役でも一生懸命に取り組む」「演じたい役に一生懸命挑戦する」ことが大切。結果がどうであれ、「やってみる」ことが大きな一歩!!

第2期：覚える

①オーディションを受ける

オーディションで自分の役を決める。決まった役に思いを込める（自分の希望でなくても）。自分にしか演じられない役のイメージを決める。

②セリフを覚える

セリフを覚える。必ず自分のセリフと前後のセリフを覚える。

③練習をする ⑴

ダンスや歌、抑揚をつけた言い回しなど、

自分が決めたイメージを大切にして、練習をする。

第3期：レベルアップ

①練習をする (2)

劇としてのレベルアップ練習。自分の課題を決めて練習をする。

②衣装や小道具を準備する

自分で作るもの、用意するものなど、役に合わせて準備する。

③自分の場面以外の役割の確認と練習

（自分の出番以外では）どこに待機して、どのように動くのかを、実際に動きながら確認し、覚える。みんなのセリフを大切に。

第4期：主役は自分

①確認する

自分の動きを確認する。

②レベルアップする

③体調管理をする

本番に向けて、風邪をひかない。（インフルエンザに注意する）

第5期：本気で楽しむ（最終期）

いつでも本番の心・技・体！

予行演習そして本番。

☆本気でやって、観客の笑いをさそう！

☆間をとって、観客に想像する時間を！

☆セリフを言っていないときこそが、演技の見せどころ！

☆台本は案です。自分たちで、どんどんアレンジしよう。

思いが重すぎて……！

担任がゴールをイメージしながら、キーワードを示すことで、子どもたちは具体的なイメージをもって練習に取り組むことができます。

また、教師がやるべきこと、子どもたちが自分で準備することや考えてすることを、明確にしておくことも必要です。教師は全体像が見えていますが、子どもたちはわかりません。

ここでも、運動会と同様に、子どもたち同士がお互いのよいところやがんばっていることを、付箋に書いて貼る活動に取り組みます。できるだけ大きな模造紙を用意し、台紙にします。その中央に、この学芸会で大切にしたいキーワードを書きます。運動会での経験を生かし、子どもたち同士がよい雰囲気で練習に取り組めるように、がんばりを「見える化」していきます。

私が取り組んだときは、付箋がどんどん増えていくので、何度か台紙の模造紙をつけ足しました。最後は、模造紙が重くなりすぎて、落ちてしまいました。「みんなの思いが重いので、ついに落ちちゃった」と言うと、子どもたちは笑顔で聞いていました。こんな雰囲気を大切にしたいものです。

所定の時間内で終える努力を！

思うように進まず、つい、ほかの時間を使いたくなるかもしれません。しかし、それは、行事があると授業がない、といった誤った認識をインプットすることになります。決められた時間内に収めるようにすることが、行事後の子どもたちのバーンアウトを防ぎ、生活の安定につながります。

2学期を振り返る
子どもたちの振り返りを教師の課題へ

長かった2学期も終盤です。学期末の振り返りでは、教師自身の大切にしたい「キーワード」をもとに、子どもたちの行動や言葉を見ていきましょう。そこから見えてくることがたくさんあります。

振り返りや日記から

2学期も終盤となりました。子どもたちが楽しみにしている冬休みも、もうすぐです。

学級が成長してくると、担任が特別に何かをしなくても、子どもたち自身に振り返る力が育っているものです。「上達論」です。

わたしはこの時期になると、子どもたちに振り返りを書くように指導しています。そして、その子どもたちの振り返りをもとに、これまでの成果や反省を行います。担任が気づいていないことを、子どもたちは案外気づいています。

ここでは、子どもたちが書いた振り返りをもとに、教師自身が大切にしてきた「キーワード」が子どもたちの身についているのかを振り返ってみます。

Aさんの振り返りから

今日、スーパーマーケットに買い物に行きました。

気づいたことがあります。

前、社会科で勉強したことです。

お店のたなを見ると、小さい子が買いそうな物は、一番下にありました。

小学生ぐらいの子が買いそうな物は、真ん中にありました。

そして、大人が買いそうな物は、一番上のだんにありました。

学校で勉強したように、みんなが取りやすいように、工夫しているんだなあと思いました。

やっぱり、お店の人はすごいなあと思いました。

☆社会科の学習で学んだ知識をもとに、店の工夫に気づきました。普段の生活のなかで、学んだ知識を生かして物事を見ることができることに、この子の成長を感じます。

Bさんの振り返りから

今日は調べ学習をしました。

今まで調べ学習を、あまりしたことがなかったからです。

「ことわざ」の勉強をしました。

「人の体」にかんすることわざを調べました。

4つのことわざについて調べました。

今日は、図書の時間に、ことわざがのっている本をかりたので、楽しく勉強ができました。

ことわざを知っていると、話をするときに使えます。

もっと、たくさん覚えたいです。

☆自主勉強で調べ学習に取り組んでいます。自分の学びを、生活のなかで使っていこうとする、その姿勢に成長を感じます。何より、楽しく学んでいることがすばらしいと思いました。

Cさんの振り返りから

今日、漢字の勉強をしました。

「豆」「植」「育」「化」「昔」「取」をしました。

特に気をつけたのは、書き順です。

今まで、漢字を覚えるのは苦手でした。

でもあきらめずに、こつこつと少しずつやっていると、おぼえられるようになりました。

とってもうれしくなりました。

☆この子は、漢字の学習が苦手でした。しかし、「こつこつと少しずつやっていると」という言葉から、継続することの大切さに気づいたようです。この「継続」は、年度始めから子どもたちに繰り返し伝えてきた言葉です。この子なりに、「継続」して取り組むことができるようになっています。

Dさんの振り返りから

今日も、昨日のように、じゅぎょうに集中して勉強ができました。

また、出す物もきちんと出せていたので、よかったと思いました。

そして、わすれ物もありませんでした。

これからもこのちょうしでがんばりたいと思います。

国語や算数、それいがいのいろいろな教か（教科）も、話をしっかり聞いて、手を挙げて、はやく行動ができるようにしたいと思います。

これからもがんばります。

☆文面から、充実した学校生活の様子が目に浮かんできます。4月から、繰り返し指導してきた

ことが、しっかり身についています。特に「聞く」ことや「はやく行動する」は、口を酸っぱくして言ってきました。やはり繰り返し指導することは大切です。

振り返りを課題へ

この振り返りは、毎日ノートに書いているものです。なので、改まったものでも、飾ったものでもありません。子どもたちの本音が、素朴な言葉でつづられています。

これまで、担任の先生方は、たくさんのキーワードをメッセージとして、子どもたちに発してきているはずです。

それらを子どもたちは、子どもたちなりに感じ、考え、そして言葉にしています。そこに、子どもたちの成長のあとを見ることができると思います。目の前にいる子どもたちは、心も体も大きく成長しているはずです。

また、先に述べたように、教師自身も振り返りをしましょう。子どもたちのノートや普段の会話などに注意して、読み取っていきます。自分が伝えたかったキーワードが、子どもたちの行動や言葉に、どのように表現されているでしょうか。

そのことが、3学期、年度末に向けての、先生と子どもたちとの課題になります。節目節目で、キーワードをもとに指導の振り返りをしていきましょう。

コラム2 ペップトーク

「ペップトーク」というものがあります。「ペップ（pep）」とは英語で「元気・活気・活力」という意味です。このペップトークを教室で使ってみませんか。

ペップトークとは

「ペップトーク」*とは、アスレティックトレーナーの岩崎由純氏が提唱しているものです。岩崎氏は、スポーツ現場におけるトレーナーとして、国内外のトップクラスのアスリートたちの体に関わる仕事をしてきました。そして、多くのアスリートたちと関わるなかで、ある大切なことに気づいたそうです。それは「言葉がけ」だそうです。

オリンピックや国際大会などの大きな試合に臨むアスリートたちは、極度の緊張のなかにいます。その緊迫した雰囲気のなかで、どんな言葉がけをするかが、監督やコーチの重要な仕事になります。

その言葉がけは、

①短くて
②わかりやすくて
③肯定的な言葉を使った
④魂を揺さぶる
⑤人（選手）をその気にさせる

このときのポイントは、とにかく「否定的（ネガティブ、マイナスイメージ）な言葉を使わないことだそうです。このような言葉がけ

を、「ペップトーク」と言います。

緑のたぬきを……

ここである実験をします。

「緑のたぬき」を……想像しないでください。

ここでみなさんが頭でイメージしたものは何だったでしょうか。ある人は「あるカップめん」。ある人は、「実在しない緑色の体毛をしたタヌキ」だったかもしれません。

このように人は、記憶に残った情報をもとにイメージをつくると言われています。ですから『想像するな』と言われても、そのイメージをもとにわたしたちは、どちらかの「緑のたぬき」を想像して、その「～するな」という否定語は意識することができません。

たかが言葉、されど……

教師が教室などでつい言ってしまうものがあります。「廊下を走りません！」「しゃべるな！」です。これらは「廊下を走る」「しゃべる」をイメージしてしまいます。ついつい「～するな。してはいけません」という、ある行為を禁止する言葉を使ってしまいます。これを、たとえば、「廊下は歩きましょう」「静かにしましょう」などと肯定的に言い換えると、「廊下を歩く」「静かにする」というイメージをもつことができます。

たかが言葉です。しかし、意識して「否定的な言葉」を使わないようにしたいものです。

＊参考文献　巻末111ページ⑺参照

学級通信のススメ②

保護者に安心感を与えよう

First Penguin

〇〇市立〇〇小学校３年Ａ組
学級通信　第52号　　〇〇年10月14日（金）

朝の歌

小学校では，朝の会で「今月の歌」を歌う時間があります。
今月の歌は「パワフルパワー」という歌です。
歌のタイトル通り，「パワフル」になるような，明るく楽しい歌です。
ある朝の会のことです。

「次は，今月の歌です。」（子）
朝の会の司会の子が言いました。
「では，歌います。」（先）
音楽が流れました。
「なみだがポロポロこぼれるときは～」（みんな）
「違います。もう一度，最初から歌います。」（先）
CDプレーヤーをとめて，もう一度最初から曲が流れました。
「なみだがポロポロこぼれるときは～」（みんな）
「だから違います。」（先）
さっきよりも大きな声で，わたしが言いました。
子どもたちは何が何だか分からずにいました。
「だから違うんです。」（先）
「先生，どう違うんですか。」（子）
「歌うのです。」（先）
「だから歌っています。」（子）
「だれが。」（先）
「みんなが。」（子）
「いや，違うのです。」（先）
「だれが歌うのですか？」（子）
「だから歌うのです。」（先）
「だから誰ですか。先生。」（子）
「歌います。先生が。」（先）
「？」（子）
「はい，歌います。今日は，先生が。」（先）
「！」（子）
子どもたちの表情が，一瞬固まりました。
「それでは音楽をお願いします。」（先）
音楽が流れ始めました。
「なみだがポロポロこぼれるときは～」（先）
子どもたちは，大きな声で歌うわたしを見て様々な反応をしています。
そんな子どもたちの様子も気にせずに，わたしは歌い続けます。
調子よく（歌っている本人はそう思いながら），２番になりました。
気が付くと，子どもたちもみんな歌っています。
しかも，普段より大きく口を開いて歌っています。
普段より，もっと大きな声が出ています。
その日はいつもと違う，朝の歌になりました。
なんだかみんな楽しそうに歌っていました。

さて歌が終わりました。
「みんなありがとう。先生，気分よく歌えたので，明日も歌います。」（先）
の言葉に，
「ギャー！」（子）
ちなみに気になる歌声は，子どもたちに聞いてください。

ご意見・ご感想をお聞かせください（点線より切ってお届けください）。

学級通信は、何かイベントがあった日の様子や、授業のときの子どもの様子を書くことが多いものです。しかし、時には子どもたちと担任との日々のふれあいを紹介してもいいのではないでしょうか。

この学校では、朝の会で「今月の歌」を歌うことになっています。ふつうは、歌を歌うという子どもたちでしょう。

ところが、この日はなんと担任（新納）が歌っています。私は時々、このような「ソロコンサート」をすることがあります。子どもたちには大ウケです。そして、いつの間にか子どもたちも一緒に歌っています。

「いつの間にか一緒に」、ここがポイントです。これは子どもたちと担任との関係ができているからこそのシーンなのです。

こうした子どもたちとの何気ないやりとり、そこに学級の現在の様子が表れます。そして、このような、日々の学級の様子を伝えることが、それを読む保護者の安心感につながっていきます。

さらに最後のオチを見てください。子どもたちと保護者の会話が弾むきっかけになることもねらっているのです！　読む人の笑顔につながる学級通信を書きましょう。

第4章 学級自立期（3学期）

子どもに自分でできることを考えさせ、任せていく

冬休みの振り返り

3学期のめあては4年生進級を意識させる

1年間の締めくくりでもある3学期が始まります。初日に、子どもたちに新しいめあてを書かせると思います。どのようなめあてを書かせるのか、そのポイントは、実は……。

冬休みの過ごし方は

冬休みの過ごし方について、どのような指導があるでしょうか。

子どもたちにとって、年末年始はクリスマスやお正月と続き、いつもよりイベント感が強くなります。大人もそうです。そのため、生活が乱れても、あまり注意されないという特徴があります。学校では、長期休みの前に生徒指導や学級活動などで、規則正しい生活をするように指導すると思います。

しかし、私はこのような指導をすると同時に、冬休みはしっかり楽しみなさいとも言います。年末年始は家族で過ごす時間がいつも以上に多くなります。また、家族以外の親族などと会うこともあります。そのような時間を、大切にしてほしいからです。ですが、いつまでもそのままでいいとは思いません。やはり、新学期が始まるまでには、もとの生活リズムに戻すことが大切です。

休み前は、生活に「気持ちの切り替え」をつけることを中心に話をします。さらに来年からは、授業時間数が増えること、宿泊学習があること、学校での中心的な役割を担う高学年の準備の時期であることなどを伝えます。なので、「気持ち

の切り替え」をつけることは、「4年生になるための大事なキーワードなんだよ」と言います。そして、「自分でできることを考えてどんどんやっていこう」と話します。

実は、これが3学期の布石になっています。

3学期の初日に

この日に、3学期のめあてを書かせる学級も多いと思います。そこで、冬休み前に話したことについて、もう一度話します。

それをもとに、子どもたちに冬休みの振り返りを書かせます。「気持ちの切り替え」「自分でできることを考えてどんどんやる」というキーワードを使って振り返りをさせます。おそらく、多くの子どもたちにとって、実行することは難しかったはずです。

しかし、それでいいのです。できていないからこそ、3学期のめあてが、「○○をできるようにする」とより具体的にイメージできるのです。3学期のめあては、来年度、4年生に進級することを意識したものにすべきです。それが、子どもたちに自覚をもたせ、有意義な3学期を過ごすことにつながります。

実は冬休み前に何を話すかがポイント!

すでにおわかりのように、実は、3学期のスタートは、冬休み前に何を話すかがポイントになります。もうすぐ4年生に進級することを意識づけて、さらなる成長を促すのです。夏休みほど長くないからこそ、休み前の話が効いてくるのです。

3学期の子どもたち

教師は手を離し、子どもたちに任せることを増やす

年度始めに示した「キーワード」が定着し、子どもたちの言動に表れてくる時期です。教師の指導を減らし、子どもたちに任せることを増やしていきます。

目配り、気配り

月曜日の朝、子どもたちはいつものように登校し、教室に入ってきます。

この頃になると、朝のルーティンに沿って子どもたちは、ランドセルから教科書やノート、宿題や提出物を出したり、連絡帳を書いたりしています。

その後、子どもたちは何をするでしょうか。学校によっては、朝、運動場で遊んでもいいことになっているところもあるでしょう。また、教室で友達とおしゃべりをして過ごす子もいるでしょう。

そのなかで、教室の整理整頓をする子がいます。普段から、「まわりに目を配り、気づいたことがあれば、行動しましょう。気を配りましょう」と言っているからです。これが「目配り、気配り」です。

そうした子が出てきたら、教師はその行動をクラスに伝えるだけにします。「目配り、気配り」と指導しなくても、子どもたちは友達の行動を見て、自分で考えられるように成長しているからです。

気持ちの切り替え

気持ちの切り替えはどうでしょうか。

授業で、担任の話が脱線し、盛り上がることが

あります。子どもたちは楽しそうに聞いています。時に大きな声で笑ったりすることもあります。その後、授業の内容に戻ったときの子どもたちの反応はどうでしょうか。さっと、「気持ちの切り替え」ができているでしょうか。

3年生の子どもにとって、切り替えはとても難しいのです。この時期、子どもたちに4年生になることを意識づけしつつ、4年生にもなれば切り替えは「当たり前」であることを伝えます。教師は「切り替えて！」と言いたいところをがまんして、子どもたちの気づきに任せることも大切です。

協力と工夫

給食の準備、これはずばり時間です。年度始めは「10分以内」を目標にしていました。この時期になれば、配膳のしやすいメニューだと、5分ぐらいでできるようになっています。

これも給食当番全員で「協力」し、「工夫」をしてきたからです。たとえば、給食台のどこに皿を置いて、汁物なら、固形物なら、どのように盛った方が速いか。そして、どの机から配膳するか、などです。このようなことを普段から考えさせて取り組ませることが大切です。時間内にできるようになったら、きれいな盛りつけの工夫など、質にも目を向けさせていきます。

3学期は「キーワード」をもとに、実践を積み重ねてきた成果が見える時期です。逆に不十分なら、子どもたちと「キーワード」を確認し、もう一度、指導を繰り返していきましょう。

社会科の授業
「自分でできること」を考えさせる

3学期の社会科は、体験的な活動をすることがあります。火を使う危険を伴う活動ですが、安全に十分配慮したうえで、思いきって子どもたちに任せてみてはどうでしょうか。

3年生の社会科は

3年生の社会科は、3学期に「くらしのうつりかわり」について学習します。

これまで、1学期は地域の地理の学習で、2学期は、地域のスーパーマーケットや工場、農家についての学習、そして、3学期は昔の道具と昔の生活（100年くらい前）の学習です。実はこれ、1学期の内容は4年の地図学習、2学期は5年の商業、工業、農業、3学期は6年の歴史の学習につながっています。つまり、3年生の社会科の学びは、これから子どもたちが社会科で学ぶ内容とすべてリンクしているのです。

また、3年生にあって4年生以上にないものがあります。それは「くらしのうつりかわり」で行う体験的な学習です。私の地域では、「七輪体験」をしています。

日常で経験していないことは事前指導が大事

副読本（3年生では副読本を使って学習を進めることが多い）では、餅を七輪で焼く体験活動があります。この活動では、道具の準備以外の活動を、子どもたち自身で行います（危険が伴う活動なので、地域ボランティアの方も参加します）。

マッチに火をつけ、新聞紙や枯葉、枯木（枯枝）などを組んで炭に火をともします。その火を、うちわや火吹き棒などを使って保ちます。そして、火加減を見ながら餅を焼きます。

活動としてはこれだけです。しかし、子どもたちは日常生活のなかで、マッチを擦る、枯葉や枯木（枯枝）を組む、炭火をうちわや火吹き棒を使って保つなどの経験はほぼありません。今はネットで動画を探すことができます。それらを活用して、事前指導をしっかり行ってください。事前指導ではこうした活動の流れを、子どもたちの言葉でまとめさせます。普段、経験していない活動は、事前指導が成功の鍵を握っています。

「七輪体験」にチャレンジ！

活動が始まったら、火を使うので、安全には十分注意をはらいます。子どもたちには、できることはできるだけやらせましょう。事前指導で、子どもたちには自分のできることを考えさせています。火をつけること、七輪のなかに枯木を組んでおくこと、などをどんどんやらせます。これまで取り組んだことが、子どもたちの真剣に取り組む表情や態度になって表れているはずです。

さらに、進んでゴミを集めたり、使った道具を洗ってきれいに並べてしまったり、ボランティアの方にお礼を言ったりなど、これまでの成長が垣間見えることでしょう。

少し危険が伴う活動です。でも3学期だからこそ、思いきって子どもたちに任せることで、成長が加速するのです。

理科の授業
柔らかな発想を育てる

3学期になると、子どもたちの成長を実感できることが増えてきます。理科では実験をきちんとできることも大切ですが、もうひとつ大切にしたいものがあります。それは柔らかな発想です。

3年生後半の理科は

3年生の理科は、後半では「豆電球」や「磁石」などを学習し、より理科的な内容になってきます。「豆電球」や「磁石」を使う学習が、子どもたちは大好きです。これらの学習では、子ども一人一人に「モノ」を与えて、授業を進めます。いずれも、高学年につながる重要な内容を学びます。できるだけ、多くの理科的な体験を積ませたいですね。

「物の重さをくらべよう」での学習で

3年生の最後に「物の重さをくらべよう」という単元があります。この単元では、「物の重さは置き方や形を変えても変わらない」ことや、「体積が同じでも、物によって重さが異なる」ことなどを学習します。

この単元では、グループ活動を中心に実験を行います。まず「粘土の置き方や形を変えて、重さを調べる」実験です。実験方法は、「①調べる粘土の重さを量る、②置き方を変えて、重さを量る、③形を変えて、重さを量る」です。

授業ではまず、担任の私が体重を量るとして、直立の姿勢で立った状態の体重を尋ねました。次

に、片足を上げた状態での、体重について尋ねました。これだけで子どもたちは大喜びです。「体重が変わる」「変わらない」と大騒ぎです。

　ここで粘土を使った実験を行います。グループになって実験の方法について話し合います。2学期から、実験方法を話し合って考えることを繰り返していたので、意見がどんどん出ます。ただし、ここで注意してほしいことがあります。それは「実験で使う道具は、ある程度示す」ということです。そうでないと、まったく意見が出なかったり、実験が不可能なことがあるからです。

柔らかな発想を大事に

　理科の実験で新しい発見があると、学習も楽しいものになります。ある子がにこにこしながら「先生、こうやっても粘土の重さはかわらなかったよ」と何か粘土で作ったものを見せに来ました。目の前にあったのは、当時動画サイトで紹介され、一気に世界的ブームになった曲、「ペンパイナッポーアッポーペン」（ＰＰＡＰ）の「りんごにさした、ペン」でした。実験にまじめに取り組むことは大切ですが、理科的な体験を身近な材料に置き換えて考える、こんな柔らかでユーモアのある発想を大事にしましょう。学習と生活を結ぶ大切なポイントです。こうした発想を育てるのは、それを許容できる担任と、安心して発言できる学級の雰囲気です。

4年生へ向けて
最後まで子どもを成長させる手だてを打つ

どの学年でも、3月はあっという間に過ぎていくものです。3年生にとって、この3月は4年生に向けた最後のステップです。子どもたちの成長を振り返りながら、学年のまとめを考えましょう。

子どもたちにとって3月とは

いよいよ3月です。長かった1年も、最後の1カ月となりました。

3月は、「6年生を送る会」や「卒業式」などの大切な行事が続きますが、学習もまとめの時期となります。子どもたちにとっての3月を、学習面と生活面の2つに分けて考えます。

学習について

3年生になって、理科や社会科などの新しい教科が始まりました。また音楽科のリコーダーや国語科の書写など、新しい学習内容もありました。そして、学習内容はどんどん難しくなってきました。学習の定着度や学力などにおいて、差が出てきている時期です。

なので、4年生に進級する前に再度、学習に不安を感じている子に対して、どこでつまずき、何が理解できていないかを見極めることが大切です。

3年生は体を動かして体験的に学ぶ学習内容が多いです。また、具体的なものを使っての学習も、たくさんあります。しかし、後半にかけてその学習内容は次第に抽象化していきます。

私は、これまでの経験から「3年生においては、具体物からの抽象化がうまくできていない子が学習に対して難しさを感じる」と考えています。そうした子には、具体物を使ったり、体を動かしたりしながら、楽しみながら復習をさせます。3年生はまだ学習意欲の高い子どもが多いので、あきらめずにポイントを絞って指導します。

生活について

3年生当初は、まだまだ幼さが見られた子どもたちです。しかし、この頃になると、身体的にも精神的にもしっかりとした印象を受けるようになります。特に、みんなのために何かをしたい、自分たちで何かをしたい、という気持ちが強くなってきます。

ここで大切なのは、子どもたちに「思いきって任せてみる」ことです。もちろん、3年生なので、まだ見通しが甘かったり、現実性が低かったりすることもあります。しかし、学期末のお楽しみ会や6年生を送る会など、あえてやらせてみることです。これまで、年間を通して子どもたちはさまざまなことを経験しながら成長してきました。3月は教師の指導を減らし、子どもたちができることを最大限させる、自立に向けた指導の仕上げの時期です。

4年生へ向けて、学習面では、抽象的な思考へと向かう学力を定着させるための復習をさせ、生活面では、自立に向けて教師の指導を減らしていきましょう。

1年間を振り返る

年度始めのキーワードを続けることができたか

3年生の1年間が、終わりを迎えようとしています。子どもたちの振り返りから、何が見えてくるでしょうか。子どもたちに残ったものは何でしょうか。

Aさんの振り返りから見えるもの

わたしが3年生でがんばったことは、ふりかえりノートです。

はじめのころは、ふりかえりを書くことはにがてでした。

でも毎日書いていると、だんだん書くことがすきになってきました。

書く量も、最初は少なかったけど、だんだん書く量がふえてきました。

学年があがると書く量がふえてきます。

でも、ふりかえりを書くことで、書くことにじしん（自信）がつきました。

これからもがんばりたいと思います。

この学年では、年間を通して「書く」ことに力を入れました。

年度始めに、私が考えたキーワード「ひとつのことを続けること」を子どもたちに伝えました。そして、行事が落ち着いた6月ぐらいから、「書く」ことに取り組みはじめました。最初は、少しずつです。「書く」ことに苦手意識をもっている子がいるからです。

そして2学期の10月ごろから、本格的に「書く」

ことに取り組みました。やり方は、「とにかく書きましょう」という声かけです。そして、私は赤でコメントを書くこと、学級通信や帰りの会で紹介することを続けました。そのうち子どもたちは、私に自分が書いたことを読んでほしいと言ってくるようになりました。ここまでくると、「書く」という雰囲気が学級全体に広がっていきます。

続けたことしか残らない！

さて、このAさんの振り返りから何が見えてくるでしょうか。

子どもたちに残るもの、それは「続けてきたこと」だけだということです。「継続は力なり」です。

3年生は繰り返すことで、どんどん力をつけます。時々、「やっているのですが、子どもたちに力がつかない」という言葉を耳にします。しかし、その多くは、担任が飽きてしまい、繰り返すことをやめてしまうからです。一度決めたら、とにかく続けることです。

さらに、子どもたちの成長に合わせて、取り組みをステップアップしていくことも必要です。求めるレベルを上げるのです。そのためには何をすればいいのでしょうか。それは、ズバリ「教師の指導を減らす」ことです。子どもたちに「任せて」みましょう。教師は見守る立場になりましょう。すると、子どもたちはさらにレベルアップしていきます。そのことが、次の学年に向けての大きな自信になっていきます。

3年生最終日　修了式

1年間の成長を伝える

お別れの日がやってきました。過ぎてしまえば、本当にあっという間の1年です。1年を振り返ることで、子どもたちの成長を感じるものです。あなたは子どもたちへ、最後に何を伝えるでしょうか。

子どもたちの成長を伝える

1枚の写真を子どもたちに見せます。

写真は4月に撮った学級写真です。2年生から進級したばかりの子どもたちの顔は、どこかあどけなさがあります。それから、学級通信に載せた写真をどんどん見せていきます。子どもたちは、歓声を上げながら写真を見るはずです。

雑巾をかけた写真があります。年度始めはぐちゃぐちゃで、なかには水が垂れていた雑巾もありました。今では、雑巾が半分に折られてきれいに並べられていて、気持ちがいいです。靴箱の靴もそうです。

女子が隣の席の男子に、少し難しい算数の問題について説明しています。女子は鉛筆を持ちながら、ノートに絵や図を書いて話しています。そして、それを男子は熱心に聞いています。4月は、「男子が」「女子が」と言っていた子どもたちも、仲良く学習に取り組んでいます。

子どもたち同士で話し合っている写真があります。これまでは担任を中心に進めていた大きな行事も、少しずつ自分たちで相談し、話し合いながらできるようになりました。

このように写真を使って振り返りを行うと、子ど

もたちに、その成長を具体的に伝えられます。単なる思い出に浸る時間にするのではなく、自分がこの1年間大切にしてきたキーワードと絡めながら、価値づけをして、子どもたちの成長を具体的な言葉にしていきましょう。それが意味ある言葉として、子どもたちにインプットされていきます。

4年生に向けて

最後は4年生への進級に向けてメッセージを送ります。

４年生は、高学年への入り口です。これまで、どちらかというと「してもらう」ことが多くありました。しかし、これからは、考えて「自分でする」ことが求められるようになります。さらに、全体のことを考えて、がまんすることも増えてきます。つまり、自分で考えて行動する「自立」と、がまんする「自律」を大切にしてほしいと伝え、それらが期待される学年であると知らせます（そのために宿泊学習が４年生から始まる、とも話します）。

さらに、この1年間で学んだことを、次の学年でも生かしていってほしいと伝えます。これは、担任が、この学級（担任）だからできた、ということにしてほしくないからです。「今できることは、４年生になっても、高学年になっても、その後もずっと続けていってほしい。それが君たちの大きな自信や成長につながっていきます」。それを楽しみにしていることも伝えます。

まわりからの期待を知らせ、大きな自信と安心感をもたせて、４年生へと送り出しましょう。

コラム
3

賞状の受け取り方
卒業式に向けた第一歩

「卒業式に向けて」と聞くと、まだ先のことなのに、と思われるでしょう。しかし、卒業式は6年間の子どもたちの学びの集大成です。儀式での作法は学年を問わず指導しましょう。

全校朝会や集会で、書道や図画工作、スポーツ大会などの表彰を行うことがあります。このとき、校長先生から賞状をいただくのですが、これがきちんとできる子は案外少ないのです。

私は、この賞状の受け取り方について時間をとって指導します（作法は学校によって異なる場合があるので、注意しましょう）。

まず、子どもたちに賞状の受け取り方は、最終的に卒業証書の受け取り方につながっていくことを伝えます。練習は普段の学校生活のなかで行います。たとえば、プリントや手紙をもらうとき、ノートを教師が返却するとき、さらに健康観察板を当番の子が受け取るときなどです。このような機会に、きちんと両手で受け取ること、受け取るときにはしっかり相手の目を見ることなどを指導します。子どもたちは楽しみながら練習し、いつの間にか自然にできるようになります。この練習の成果が発揮できる場が、全校での表彰です。私の学級では、表彰を受け取った瞬間に大きな拍手が自然におきます。

今、やっていることは将来（卒業式）につながっていると意識させて、継続的に取り組むことが大切です。

学級通信のススメ③

子どもたちの成長を記そう

First Penguin

目配り，気配り　ちいさなことだけど！

その1　テストで

先日の話です。

テストが終わった後のことです。

子どもたちが終わったテストを手に，わたしのところに持ってきます。

何気なく，テストを出していく子どもたちの様子を見ていました。

子どもたちはきちんと並んで，次々とテストを出していきます。

だんだんテストが重ねられていきます。

そのうち，少しずつ，重ねられたテストがばらばらになっていきます。

その時です。

ある子が，バラバラに重ねられたテストを両手に持って，きれいにそろえ始めました。

そして，何事もなかったかのように，その場から離れていきました。

しばらくすると，また重ねられたテストがバラバラになってきました。

すると，今度は後ろの方に並んでいた別の子が，同じようにテストを揃え始めました。

そして，その子も同じように，何事もなかったかのようにその場を離れていきました。

わたしはうれしくなりました。

小さいことですが，このようなことが自然にできる子どもたち，とってもすばらしいなあと感じました。

○○市立○○小学校３年Ａ組
学級通信　第86号　　○○年３月11（月）

その2　給食で

給食の時間です。

食べ終わった子どもたちが，食器を返却しています。

食べ終わった子どもたちは，読書や自由帳，おしゃべりなど，思い思いに楽しい時間を過ごしています。

「先生，いいですか。」

数名の子どもたちの声がしました。

目をやると「これ，これ。」と，給食用のご飯を入れる容器を指差しています。

「はい，お願いします。」

と言うと，子どもたちはその容器に残ったご飯をしゃもじですくって，ビニール袋に入れ始めました。

そして，からになった容器に水を入れ，きれいにしました。

年度初めは，わたしがこの作業をしていました。

ところが，最近では子どもたちが進んでするようになりました。

きれいになった容器を，うれしそうに見つめる子どもたちの笑顔が，これまたすばらしいなあと思いました。

子どもたちも少しずつですが，このように進んでいろいろなことができるようになってきました。

小さいことですが，そんなことに目を配って，気を配る，「目配り気配り」ができるようになってほしいと思います。

今年度もあと10日となりました。

子どもたちの成長を，もっともっと見つけたいと思います。

ご意見・ご感想をお聞かせください（点線より切ってお届けください）。

3学期も残りわずかの時期、子どもたちの何気ない行動ひとつに成長を感じます。

学級通信の左側の段は、子どもたちがテストを提出するときの様子です。

1学期の頃は、40人近い子どもたちがテストを置いていく間に教卓の上のテストがばらばらになってしまい、私がそれをそろえていました。

しかし、この時期、子どもたちは、自分でごく自然に整えることができるようになっています。

同じく右側の段の給食の場面も同様です。

この学校では、残った米飯はビニール袋に入れて返却することになっていましたが、子どもたちは、手に米粒がつくとか、作業が面倒くさいとか言ってやろうとせず、またやらせても、米粒が給食台に落ちて残っていたりと、うまくできませんでした。そこで仕方なく私がやっていました。

ですが、この時期、子どもたちは進んで、しかもきれいにできるようになっています。

いずれも、「目配り、気配り」という相手意識を育てているからこそできることです。

担任は、このような子どもたちの何気ない行動をしっかり見取り、学級通信でこの1年間の成長を伝えていきましょう。

おわりに
未来に向けて、今、大切にしたいこと

担任していて、うれしく感じることがあります。それは、子どもたちの子どもらしい屈託のない笑顔を見たときです。3年生がいちばん子どもらしさを発揮できる時代だと、私は感じています。

最近思うこと

「隣の学級はちゃんとしているのに、自分の学級はあれもできていない。これもできていない……」

若い先生や経験の少ない先生方、1年のなかで幾度となく、そんなことを思っているのではないでしょうか。または先輩の先生方から、「もっと、きちんと指導しないとダメだよ」とか、「先生の学級は、○○ができていないから、きちんと言ってください」と言われ、落ち込んだこともあったのではないでしょうか。

最近は、時代の流れなのか、何でもかんでも「きちんと」することが求められています。あまり好ましくないことがあるたびに、そのつど、「きちんとしなさい」と言われます。これはわれわれ大人社会の話です。

ところが、最近はこのようなことが子どもたちにも求められるようになってきました。「きちんとする」こと自体は何も問題はありません。学校は、子どもたちに勉強はもちろん、将来、社会で生きていくためのルールやマナーを学ばせる場所でもあります。また、命や健康に関することは「きちんと」させなければなりません。「きちんとする」ことができるように指導することは、とても大切なことです。

しかし、最近は、その「きちんとする」ことが、過剰に求められているように感じます。そして、そのことが、子どもたちが本来もっている子どもらしさを奪っていないのか、と感じるのです。つまり、小さな大人をつくろう、つくろうとしているように思われるのです。

「きちんと」することが大切

教職に就いたころの私は、「きちんとする」

ことが大切だと考えていました。そのような指導について勉強もしました。当時は、これで「きちんと」した学級ができた、と思っていました。

　しかし、今にして考えてみると、本当のところ、「きちんと」したいのは子どもたちではなく、私だったのです。私が「きちんと」した学級にしたかったのです。それは、見てくれをよくしたい、という私の一方的な思いだけだったのです。

　そのうち、教育を取り囲む環境の変化もスピードを増していきました。あれもこれもと、やることが増えました。限られた時間内で、求められていることをやろうとすれば、余計なことに時間を取られたくありません。そうなると、余計なことに時間を奪われないような指導をするようになります。それが「きちんと」させることなのです。全員を「きちんと」させることで、教師も、子どもたちも余計なことを考えなくてもいいのです。そして、やることに集中できると考えたのです。

　しかし、残念ながらそうはいきませんでした。ここ数年、「きちんと」させようとしてきました。しかし、うまくいかないのです。私の指導力が足りないこともあります。ですが、「きちんと」させようとすればするほど、うまくいかないのです。

　そんなとき、ある方から、「うまくいかない人はうまくいかないやり方でやっている。だから、うまくいかない。だったら、やり方を変えてみては」というアドバイスをいただく機会がありました。そこで、考え方を変えてみました。それはとてもシンプルな方法です。「きちんと」させようとするからうまくいかない、だったらその逆をすればいいのではないか、ということでした。

「きちんと」しなくてもいい

　私の出した結論は、「きちんとしなくてもいい！」ということでした。「きちんとしなくてもいい」と言うと、「学級がぐちゃぐちゃになってしまう」「子どもたちが好き放題しはじめる」などという声が聞こえてきそうです。もちろん、そんな状態になることを、私も望んでいません。子どもたちには「きちんと」するように言います。しかし、心のなかでは

「きちんとできなくてもいい」と考えるようにしました。

さて、子どもたちはどうなったでしょうか。不思議なことに、子どもたちが生き生きとしはじめたのです。子どもたちがのびのびとしてきたのです。少なくとも、私にはそう感じたのです。時に厳しく叱ることがあっても、子どもたちが寄ってくるようになりました。同時に、子どもたちがとてもかわいらしく感じるようになったのです。私もイライラすることが少なくなりました。そのとき気がついたのです。子どもたちが、本当に子どもらしい、笑顔になっていることに。

子ども時代を大切にしたい

3年生の子どもたちも、授業時数が増え、1週間のうち2日間は6校時まであるようになりました。多くの学校は、6校時が終わるとだいたい午後4時前ごろになるでしょうか。

今、子どもが子どもらしく過ごせる場所や時間が減ってきています。ギャングエイジの時代と言われた3年生はどうでしょうか。放課後、仲間と広場で三角野球をしたり、秘密基地をつくったり、仲間内だけ通じる秘密の暗号を使って遊んだり、そんなことをしている様子を見ることが少なくなってきました。

われわれ大人のいる守られた世界から、子どもたちが飛び立とうとするのが、この3年生の時代です。そして、最も子どもが子どもらしく過ごすことができる時代ではないかと思います。

そんな仲間たちと過ごすことができる時間と空間を提供できる場はどこでしょうか。それは1週間、1日の大半を過ごす学校だと思います。この「きちんとしなくてもいい」は、子ども時代を大切にすることだと私は考えています。

2019年2月

新納昭洋

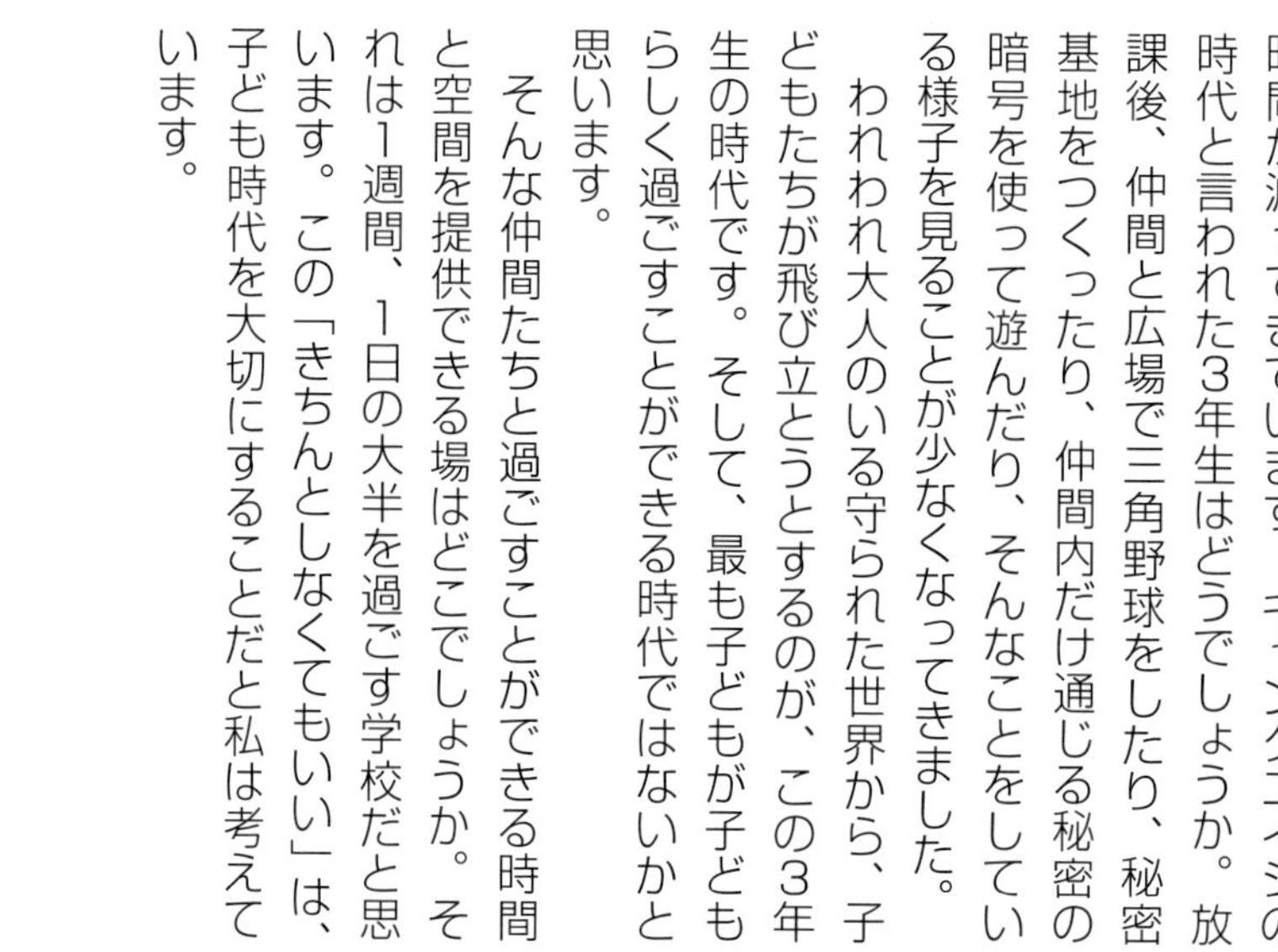

【参考文献】

(1) リチャード・コッチ『人生を変える　80対20の法則（増補リニューアル版）』（CCCメディアハウス）
(2) 土作　彰『明日からできる速効マンガ　6年生の学級づくり』（日本標準）
(3) 根本　浩『書けない漢字が書ける本』（角川SSC新書）
(4) アメリカ国立訓練研究所による「ラーニングピラミッド」についての研究報告など
(5) 村田辰明『社会科授業のユニバーサルデザイン』（東洋館出版社）
(6)『楽しい体育の授業』1995年12月号、34ページ、石黒修論文、同誌2002年2月号裏表紙「太田式スモールステップ」（明治図書）
(7) 岩﨑由純『心に響くコミュニケーション　ペップトーク』（中央経済社）

【本書全体を書くにあたって参考にした書籍】

赤坂真二・岡田広示『学級を最高のチームにする365日の集団づくり　3年』（明治図書）
陰山英男『本当の学力をつける本』（文集文庫）
岸本裕史『見える学力、見えない学力』（大月書店）
土作　彰『授業づくりで学級づくり』（黎明書房）
西村健吾『スペシャリスト直伝！　小学校　クラスづくりの核になる学級通信の極意』（明治図書）
向山洋一『学級を組織する法則』（明治図書）
向山洋一『子供を動かす法則』（明治図書）
向山洋一『授業の腕をあげる法則』（明治図書）
山根大文＋徹底反復研究会のゆかいな仲間たち『明日からできる速効マンガ　2年生の学級づくり（広島弁ver.）』（日本標準）

著者・マンガ家紹介

新納 昭洋 にいろ あきひろ
岡山県公立小学校教諭
1970年鹿児島県沖永良部島生まれ。青い空と海に囲まれた自然豊かな島で育つ。大学卒業後、さまざまな職を経て、教職の道へ。子どもたちが力をつけながらも、笑顔と子どもらしさを大切にする学級づくりをめざし、日々、倉敷教師塾で仲間とともに学びながら奮闘中。

いわいざこ まゆ
1980年鹿児島県生まれ。保育士勤務を経て、イラストレーターとして活動をはじめる。現在は主に保育分野でイラスト、漫画、造形を発表。著書に『まゆ先生の保育な毎日』（世界文化社）、『手づくり衣装BOOK』（メイト）、共著に『おりがみよくばり百科』（ひかりのくに）など。本「明日からできる速効マンガ」シリーズは『2年生の学級づくり』に続き、2作目となる。

明日からできる**速効マンガ**
3年生の学級づくり

2019年3月30日 第1刷発行

著者 新納 昭洋
マンガ いわいざこ まゆ
発行者 伊藤 潔
発行所 株式会社 日本標準
〒167-0052 東京都杉並区南荻窪3-31-18
電話 03-3334-2640［編集］
03-3334-2620［営業］
http://www.nipponhyojun.co.jp/

表紙・編集協力・デザイン 株式会社 コッフェル
印刷・製本 株式会社 リーブルテック

ISBN 978-4-8208-0651-6